AF464612

YVES GUYOT

L'Économie de l'Effort

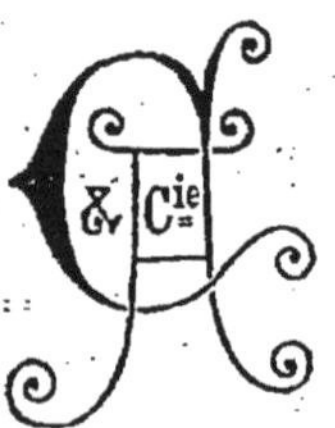

Paris, 5, rue de Mézières

Armand Colin & Cie, Éditeurs

Libraires de la Société des Gens de Lettres.

L'ÉCONOMIE

DE

L'EFFORT

OUVRAGES DU MÊME AUTEUR.

La Science économique (*Bibliothèque des sciences contemporaine*). Un vol. in-12, contenant 67 graphiques. 2e éd. (Reinwald, édit.).

L'Impôt sur le revenu (Rapport fait au nom de la Commission du budget, 1886). Un vol. in-18, 3 fr. 50 (Guillaumin, édit.).

La Suppression des octrois (Rapport fait à la Chambre des députés, 1888). Une brochure in-8° (Challamel, édit.).

Études sur les Doctrines sociales du Christianisme, nouvelle édition augmentée d'une préface et d'un appendice. Un vol. in-18, 3 fr. 50 (Ernest Flammarion, édit.).

La Tyrannie socialiste. Un vol. in-18, 1 fr. 25 (Ch. Delagrave, édit.).

Les Principes de 89 et le Socialisme. Un vol. in-18, 1 fr. 25 (Ch. Delagrave, édit.).

La Propriété. Origine et évolution. Réfutation de la thèse communiste de Paul Lafargue. Un vol. in-18, 3 fr. 50 (Ch. Delagrave, édit.).

Trois ans au Ministère des travaux publics. Un vol. in-18, 3 fr. 50 (Léon Chailley, édit.).

La Morale de la Concurrence. Une brochure, 1 fr. (*Questions du temps présent*) (Armand Colin et Cie, édit.).

Les Tribulations de M. Faubert. L'impôt sur le revenu. Une brochure, 1 fr. (Flammarion, édit.).

CHARTRES. — IMPRIMERIE DURAND, RUE FULBERT.

YVES GUYOT

L'ÉCONOMIE

DE

L'EFFORT

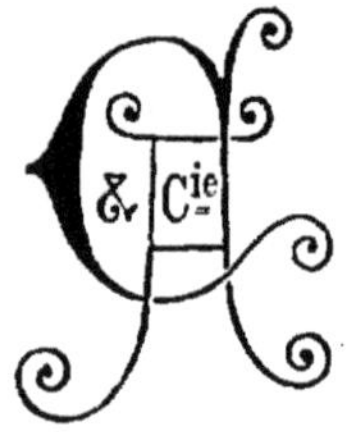

PARIS

ARMAND COLIN ET Cie, ÉDITEURS

LIBRAIRES DE LA SOCIÉTÉ DES GENS DE LETTRES

5, RUE DE MÉZIÈRES, 5

1896

PRÉFACE

M. Franck Brentano et Mlle Dick-May ont eu, en 1895, l'idée de fonder un Collège libre des sciences sociales. Ils s'adressèrent à des socialistes de toutes couleurs pour enseigner les socialismes les plus variés. Ils voulurent bien me prier d'y représenter l'économie politique. J'acceptai, malgré les objurgations de mes amis qui me disaient : — « Qu'allez-vous faire dans cette galère ? Vous allez contribuer à la fondation d'une institution qui est un foyer de socialisme. »

Quelques-uns ajoutaient que si j'avais des auditeurs, ce ne seraient que des socialistes qui viendraient pour me conspuer.

Ces raisons ne me touchèrent pas. J'ai toujours considéré que l'abstention était le pire des moyens de propagande. Si vous vous taisez, quand vos adversaires parlent, comment vous ferez-vous entendre et comprendre ? Si vous laissez la place libre à la propagande socialiste, comment vous imaginez-vous que vous pourrez en détourner les indifférents, les gens en quête de convictions et les passifs, toujours prêts à recevoir les idées qui sont présentées avec le plus d'assurance?

J'acceptai donc, et les pages qui vont suivre sont la reproduction, très exactement sténographiée par M. Duployé, des dix leçons que je m'étais engagé à faire, du mois de décembre 1895 au mois de mars 1896.

Je ne m'inquiétai pas de ce que pouvaient dire les autres professeurs dans leurs cours, d'autant plus qu'il y en avait avec qui je ne voulais avoir aucun rapport personnel.

La *Petite République* avait fait grand tapage autour de la première leçon de M. Gustave Rouanet. Son cours était intitulé : « *Socialisme théorique*. Première année, *Histoire critique des doctrines économiques*. Les théories économiques dans le monde ancien, au moyen âge, dans les temps modernes.

« L'histoire critique des doctrines économiques qui sera faite la première année, en montrant le rapport étroit de chacune d'elles avec le système de production dominant, permettra de légitimer scientifiquement les bases du socialisme. »

Le sujet était vaste. La *Revue socialiste* publia la première leçon qui était pleine de promesses, mais ne contenait que des promesses.

Mes leçons terminées, j'ai demandé si M. Gustave Rouanet publierait son cours comme je publie le mien. On me répondit :

— Mais M. Gustave Rouanet s'est arrêté à la deuxième leçon.

— Mais je pense qu'il a été remplacé, répliquai-je.

— Non. La chaire de socialisme théorique est restée vide.

— Comment ! Les socialistes qui avaient annoncé si haut qu'ils allaient faire connaître leurs doctrines ont renoncé spontanément à leur enseignement ! Si M. Gustave Rouanet a été forcé de suspendre son cours, soit qu'il le sentît trop lourd pour lui, soit pour des raisons personnelles, ne pouvait-il être remplacé par d'autres docteurs socialistes ? Comment M. Paul Lafargue, qui est dépositaire des pures doctrines « du socialisme scientifique » de Karl Marx, n'a-t-il pas saisi cette occasion de le faire connaître aux jeunes gens des écoles pour qui a été ouvert ce collège ?

On me dit que des propositions lui avaient été faites et qu'il les avait refusées, de sorte que les socialistes ont laissé vacante la chaire du socialisme théorique. Ils ont sans doute pensé que moins on en parlerait, plus on lui laisserait de prestige. Leur attitude dans cette circonstance est bien l'expression constante de leur politique. Ils s'entendent pour battre la grosse caisse, faire la parade et le boniment de la porte.

— Entrez, citoyens et citoyennes, et nous vous ferons voir la lanterne magique ! Mais ils n'ont garde de l'éclairer. Si quelqu'un dit qu'il n'y voit rien, ils lui répondent avec aplomb que c'est de sa faute ; et, avec agilité, ils disparaissent et passent à d'autres exercices.

Il y avait une autre chaire intitulée : *Histoire des doctrines révolutionnaires*. Le titulaire en était M. Bernard Lazare. C'était la chaire anarchiste. Son professeur a pensé qu'une seule leçon suffisait.

Cette expérience prouve que s'il est facile de célébrer dans des manifestes et dans des discours de réunions publiques, les vertus, les beautés et les vérités du socialisme, il est plus difficile de les dégager dans un cours qui exige quelque méthode et quelque connaissance des faits, des idées et des doctrines. Cependant le professeur du « socialisme théorique » avait eu bien soin de ne point s'engager à faire la théorie du socialisme, mais d'annoncer qu'il ferait « la critique des doctrines économiques. » Encore pour les critiquer, faut-il tant soit peu les connaître.

Si M. Gustave Rouanet ou tout autre socialiste veut reprendre son cours l'année prochaine, il trouvera dans le volume que je publie aujourd'hui un exposé des principes de la science économique. Je le livre à sa critique avec la pleine confiance qu'il lui sera impossible de prouver que les lois qui y sont dégagées ne sont pas conformes aux faits. Tandis que le socialisme ne repose que sur des mots, la science économique est fondée sur des faits.

Elle étudie comment les hommes essaient de se procurer le plus facilement les choses ou les services qu'ils désirent. Elle examine les procédés empiriques dont ils se sont servis et elle constate les résultats obtenus. Elle fait son choix : elle montre que certains d'entre eux qui ont été employés pendant des siècles, qui sont encore en usage aujourd'hui, produisent un effet contraire à l'effet demandé.

Elle analyse les causes diverses qui font préférer encore par la presque unanimité des êtres humains les pires moyens pour atteindre le but qu'ils ont en vue. Elle essaie de dégager les lois dont la connaissance permettra à chacun d'atteindre le maximum de puissance avec le minimum d'effort.

YVES GUYOT.

Juin 1896.

CHAPITRE PREMIER.

LA SCIENCE ÉCONOMIQUE ET LES FAITS.

I. L'impopularité des Économistes. — Pas de panacées. — Alchimistes et chimistes. — L'Économie politique et les faits. — II. L'Économie politique est une science. — III. La formule de Gournay est le résultat de l'expérience. — IV. Généralisations *a priori*. — Bastiat. — V. La loi de Malthus et les faits. — Progrès de la richesse et de la population en France et aux États-Unis. — VI. La loi de Ricardo sur la rente. — Elle est démentie par les faits. — VII. Utilité des généralisations même erronées. — VIII. La méthode historique allemande. — Les *Catheder socialisten*. — IX. L'Économie politique nationale, c'est l'économie arbitraire. — Y a-t-il une pesanteur nationale? — Application des lois économiques par ceux qui les nient. — X. Les protectionnistes. — XI. Les socialistes. — Proudhon. — Lassalle. — La loi d'airain des salaires. — XII. Les métaphores économiques. — XIII. La science économique et la morale. — L'égoïsme et l'altruisme. — Tout désir, bon ou mauvais, constitue un besoin. — XIV. La science économique est en dehors de toute conception théologique ou métaphysique. — XV. La science économique n'est pas seulement descriptive. — XVI. L'empirisme et la science. — Utilité de la science. — Ses caractères. — Les compétents et les incompétents. — Définition de la loi naturelle. — Définition de la science économique. — Définition des termes : richesse, propriété et capital.

I.

Les économistes sont fort mal vus. Il est vrai qu'ils y sont habitués depuis longtemps. Tocqueville constate que toutes les grandes réformes, qui ont été faites par l'Assemblée nationale de 1789, avaient été réclamées et préparées par les économistes ; qu'en réalité c'étaient leurs doctrines qu'elle appliquait. Mais Dupont de Nemours, dans une lettre à Jean-Baptiste Say, raconte que, chaque fois qu'un des membres de l'Assemblée nationale, en proposant une mesure quelconque, prononçait le nom des économistes, immédiatement il était salué par des huées. L'impopularité n'est donc pas chose nouvelle pour les économistes ; ils en prennent leur parti, surtout quand ils ont bon caractère, et elle n'empêche pas de persévérer ceux qui ont des convictions. Les chimistes ont été, pendant très longtemps, très impopulaires à l'égard des alchimistes, et ils le sont encore à l'égard de tous ceux qui cherchent la pierre philosophale. Il y a encore beaucoup de gens qui cherchent, en matière sociale, la pierre philosophale. Les économistes viennent dire qu'ils ne la connaissent pas; ils refusent énergiquement de la chercher; ils n'ont aucune espèce d'alambic mystérieux; ils ne font pas d'incantations; ils ne prononcent pas de paroles magiques; ils n'offrent point de recettes pour tous les maux, de panacées universelles; ils ont contre eux tous ceux qui croient qu'avec de simples mots, avec des formules, avec des évocations, avec des mystères, on peut résoudre les problèmes scientifiques.

II.

On a reproché souvent aux économistes de ne pas tenir compte des faits. C'est là une de ces accusations banales que l'on répète à tout instant, et, d'un autre côté, on dit volontiers que l'Économie politique n'est pas une science. M. Bonamy Price, qui avait enseigné l'Économie politique pendant une cinquantaine d'années à l'Université d'Oxford, l'a déclaré à la fin de sa carrière, ce qui était évidemment une preuve d'humilité de sa part, puisqu'il confessait que l'enseignement qu'il avait professé pendant toute sa vie était, au fond, insignifiant. Je n'ai pas une pareille modestie et je considère que l'Économie politique est une science, en me plaçant simplement au point de vue de la définition que donne Huxley de la science : « Toute connaissance exacte est de la science et tout raisonnement juste est du raisonnement scientifique. »

III.

On a professé à la Faculté de Droit que la science économique n'avait pas tenu compte des faits et que la formule : « Laissez faire, laissez passer » était une formule empirique. Au contraire, c'est une formule expérimentale.

Quand Gournay l'a donnée, il était inspecteur des manufactures. Il savait, par une expérience personnelle, tout le poids dont les diverses réglementations du travail écrasaient l'industrie. Il avait vu (et cependant il était placé, comme fonctionnaire, d'un côté où habituellement on a toujours une tendance à augmenter les attributions et l'ingérence de l'État), que ces réglementations, bien loin d'être utiles au développement économique du pays, étaient une cause de ruine, de misère, et c'est en réaction contre ces pratiques qu'il avait prononcé ces mots si simples et si expressifs : « Laissez faire, laissez passer ».

IV.

Certainement, depuis, des économistes se sont tenus à des généralisations, *a priori*. Je reconnais, par exemple, très volontiers que Bastiat, dans ses *Harmonies économiques*, a accordé beaucoup trop d'importance aux causes finales. Il a fait du sentimentalisme en économie politique, car il y a eu beaucoup d'économistes qui ont été sentimentaux, quoiqu'on leur reproche, de temps en temps, d'être « une école dure ». Bastiat a voulu prouver, après Pangloss, que la Providence avait fait tout pour le mieux dans le meilleur des mondes; qu'il y avait des harmonies économiques préétablies. C'était, au point de vue économique, la réédition des *Harmonies de la nature* de Bernardin de Saint-Pierre.

Ce n'est pas le moins du monde à ce point de vue que je me place, et j'admets qu'il y a, dans les généralisations de Bastiat, des idées préconçues, préconçues d'après un système métaphysique, tandis que nous devons chercher, autant que possible, à nous en tenir rigoureusement à la méthode objective.

De même, l'économie politique est représentée souvent par deux grandes lois qui ont été des généralisations trop hâtives et qui ne sont pas justifiées.

V.

D'abord, la loi de Malthus. Il est évident que la loi de Malthus est démentie par les faits, quoique Malthus ait cherché à en observer beaucoup. Je vais indiquer immédiatement en quoi elle consiste, afin de déblayer le terrain pour l'avenir. La loi de Malthus se résume en deux assertions :

« Lorsque la population n'est arrêtée par aucun obstacle, elle va doublant tous les vingt-cinq ans, et croît de période en période, selon une progression géométrique.

« Les moyens de subsistance, dans les circonstances les plus favorables à l'industrie, ne peuvent jamais augmenter plus rapidement que selon une progression arithmétique.

« Portons à un milliard, disait-il, le nombre des habitants actuels de la terre, la race humaine croîtrait comme les nombres 1, 2, 4, 8, 16, 32, 64, 128, 256, tandis que les subsistances croîtraient comme ceux-ci : 1, 2, 3, 4, 5, 6, 7, 8, 9 : au bout de deux siècles, la population serait aux moyens de subsistance comme 256 est à 9; au bout de trois siècles, comme 4.096 est à 13 et, après deux mille ans, la différence serait immense et même incalculable. »

L'humanité est donc vouée à la misère et toujours à une misère d'autant plus grande.

Les faits ont prouvé que la loi de Malthus était inexacte. Sans doute, dans des populations misérables, comme les Fuégiens, les Pecherais, de la Terre-de-Feu, les Veddahs de Ceylan, il est très possible que la population ait une tendance à augmenter au delà des subsistances. Nous n'avons pas de démographie bien établie pour nous rendre compte du nombre des Pecherais, des Fuégiens, ni de celui des Veddahs de Ceylan. Si nous ne savons pas exactement le pouvoir reproducteur de populations aussi misérables, nous savons qu'elles occupent des espaces immenses et qu'elles sont très peu nombreuses. Dans nos civilisations actuelles, la loi de Malthus a été démentie de la manière la plus nette par les faits.

Ce qu'on peut appeler les moyens d'alimentation, ce sont tous les moyens d'achat. Que vous produisiez du fer, si avec ce fer vous pouvez vous procurer du pain, il est bien clair que c'est exactement comme si vous produisiez du pain vous-même. Si, par conséquent, la richesse augmente plus rapidement que la population, vous avez la preuve que la loi de Malthus n'existe pas. Je prends l'exemple des États-Unis d'autant plus frappant que l'émigration vient s'ajouter à la reproduction.

ÉTATS-UNIS

ANNÉES	POPULATION	0/0	RICHESSE EN DOLLARS
1850. .	23.191.000	»	7.135.000.000
1880. .	50.155.000	117	49.642.000.000
1890. .	62.622.000	136	65.035.000.000

L'augmentation de la richesse, c'est-à-dire des moyens de subsistance, a donc été de près de 6 fois plus grande que celle de la population.

En France, voici le mouvement de la population et des valeurs successorales :

ANNÉES	POPULATION	VALEURS SUCCESSORALES	RAPPORT PAR HABITANT
1826. .	30.400.000	1.337.000.000	44.28
1866. .	38.067.000	3.271.000.000	85.94
1891. .	38.343.000	5.791.000.000	148. »
1894. .	38.343.000	5.749.000.000	149. »

La richesse par tête d'habitant a donc augmenté de 236 0/0, chiffre auquel il faut ajouter un milliard de donations.

Ces faits, mis au regard de la loi de Malthus, la détruisent complètement.

Je pourrais reproduire les mêmes calculs pour l'Angleterre et l'Allemagne. La richesse augmente donc beaucoup plus rapidement que la population. Il n'est pas vrai que la production ne croisse qu'en raison arithmétique, tandis que la population croît en raison géométrique. Dans notre siècle, c'est le contraire. Les faits renversent la loi de Malthus.

VI.

La loi de Ricardo sur la rente est exactement dans les mêmes conditions au regard des faits. Voici en quoi elle consiste. Ricardo émet l'hypothèse que le premier homme avait pris le meilleur terrain qu'il avait pu choisir... Il y a là un défaut d'observation. Nous savons très bien, maintenant, par analogie, ce qu'ont été les premiers hommes. Mais à l'époque de Ricardo, Cook et Bougainville entre autres avaient montré le caractère des civilisations primitives. Sans tenir compte des observations directes, faites par ces voyageurs, Ricardo avait supposé qu'un jour, un homme avait enclos un terrain, selon la formule de Rousseau, et naturellement avait choisi le meilleur; ceux qui étaient venus après lui n'avaient eu à choisir que des terrains de seconde qualité, et ceux qui étaient venus en troisième lieu n'avaient pu choisir que des terrains de troisième qualité, et ainsi de suite. Et alors, il établissait sa théorie de la rente sur ce postulat: la différence entre les frais de culture du terrain le plus fertile, qui a été choisi tout d'abord par le premier occupant et des terrains moins fertiles pris par les seconds, par les troisièmes, par les quatrièmes occupants, constitue la rente du sol. La différence est devenue de plus en plus grande entre la rente du terrain primitivement occupé et la rente des terrains appropriés par les occupants successifs.

Mais il manque une chose à cette hypothèse et à cette généralisation. Où est ce premier terrain? Si les faits se sont passés de cette manière, les descendants de son premier propriétaire doivent exister quelque part; et, comme les populations ont augmenté dans une proportion considérable et que, naturellement, si l'hypothèse de Ricardo est vraie, elles ont dû occuper des terrains de moins en moins fertiles, la rente de ce premier terrain a dû augmenter dans des proportions incalculables, et nous devons trouver quelque part son heureux possesseur dominant le monde de toute la hauteur de sa rente!

Ce terrain type de la rente n'existe pas; personne ne peut le découvrir; il n'a jamais existé et, par conséquent, lorsque l'on compare l'observation des faits à la généralisation de Ricardo, on arrive immédiatement à considérer que c'est là une hypothèse lancée par un homme fort intelligent, à l'esprit déductif, mais qui ne tenait pas suffisamment compte de la méthode objective.

Au contraire, les observations faites entre autres par Carey, aux États-Unis, contredisent la théorie de Ricardo. Dans tous les pays où l'on a colonisé, jamais on n'a commencé par occuper les terrains les plus fertiles, et pour une excellente raison : c'est que les terrains fertiles ne sont pas fertiles pour l'homme ; ils sont fertiles par eux-mêmes et, par conséquent, ils sont occupés par une végétation qu'il faut détruire tout d'abord. Les terrains les plus fertiles sont des terrains d'alluvion, et ces terrains d'alluvion représentent la fièvre, le paludéisme ; ils sont encombrés de broussailles ; ils sont peuplés d'animaux féroces, de reptiles venimeux, d'insectes, et l'homme commence par s'en écarter.

Aux États-Unis, dans l'Inde, partout où on a suivi les traces de la colonisation, on a vu les premiers occupants s'installer d'abord sur les côteaux, les terrains peu fertiles, faciles à défricher, où l'homme pouvait vivre, dont il pouvait tirer parti avec le moindre effort ; les hommes n'ont commencé à aborder les terrains les plus riches que lorsqu'ils ont pu réunir de puissants moyens d'action, avoir des outils, grouper des capitaux, faire les travaux nécessaires ou d'assèchement ou d'irrigation pour les mettre en valeur. On gratte des landes avant d'endiguer des polders.

VII.

Ces généralisations ont-elles été inutiles? Non, pas plus que la généralisation de Ptolémée n'a été inutile au développement de l'astronomie. Des généralisations comme celles-là, ce sont des plastrons pour la critique. Elles obligent à regarder les faits de plus près et à réfléchir; elles ont leur utilité, à la condition qu'on ne les prenne pas pour des dogmes et que des disciples et des professeurs ne s'acharnent pas à les commenter au lieu d'examiner les matériaux objectifs sur lesquels elles s'appuient.

Si certains adversaires de la science économique veulent dire que, dans son enseignement, on a perdu beaucoup trop de temps à examiner des définitions, à les peser, à établir des distinguo, à faire de la scolastique autour de généralisations comme celles que je viens d'indiquer, je l'accorde très volontiers. Mais si ces adversaires ajoutent que, parce qu'il y a des professeurs et des auteurs qui ont perdu leur temps à des exercices de ce genre, c'est une preuve que la science économique n'existe pas, je dirai que jamais une science n'est responsable de ceux qui l'interprètent mal et que ce serait tout à fait injuste de rendre la science économique responsable des erreurs qu'ont pu commettre les scoliastes qui ont essayé de prouver la vérité des généralisations de Malthus et de Ricardo.

VIII.

Ces généralisations devaient provoquer forcément une réaction, et alors cette réaction s'est affirmée dans la méthode historique allemande dont Roscher a donné la définition. Il a considéré que « l'Économie politique devait être une simple description de la nature économique et des besoins du peuple, ainsi que des lois et des institutions destinées à procurer la satisfaction de ces besoins, enfin du succès plus ou moins grand avec lequel elles ont été appliquées ».

Les Catheder-Socialisten sont allés encore plus loin et ils sont arrivés à nier toute espèce de lois économiques. Ainsi M. de Laveleye qui est leur interprète français, dans ses *Éléments d'économie politique,* dit : « Les lois dont s'occupe l'Économie politique ne sont pas des lois de la nature ; ce sont celles qu'édicte le législateur ». Ainsi M. Schmoller a prononcé cette phrase, qui eût réjoui tous les tyrans : « L'État peut tout faire, puisqu'il fait les lois. »

IX.

Je considère que ces définitions et ces limitations de la science économique par les Catheder-socialisten sont encore plus sujettes à critique que les généralisations dont je vous parlais tout à l'heure. Qu'est-ce qu'une Économie politique nationale ? C'est l'Économie politique arbitraire. Une Économie politique limitée à chaque pays? Mais c'est exactement comme si on disait qu'il y a une pesanteur nationale, une pesanteur d'un genre en France et une pesanteur d'un autre genre en Allemagne ; qu'il y a une pesanteur chinoise et une pesanteur japonaise ! Ces Messieurs, pour prouver la vérité de leurs assertions, ont pris des faits, ils les ont étudiés, mais de quelle manière ! Ils ont prouvé qu'il pouvait y avoir des lois positives qui étaient en absolue contradiction avec les lois déterminées par la science économique. Mais tous nous le savons bien. Il est évident que, s'il y a un postulat économique, c'est la liberté de la circulation, et nous savons bien que nulle part, dans le monde, aucun peuple ne l'a acceptée complètement. Mais c'est exactement comme si ces Messieurs avaient déclaré que, parce qu'il y a un jet d'eau dans un jardin, ce jet d'eau est une négation de la loi de la pesanteur, parce que l'eau s'élève dans l'air au lieu de tomber. C'est exactement comme si, en voyant monter un ballon, ils avaient déclaré que ce ballon était une négation de la loi de la pesanteur! Non, au contraire ; et, si je démontre que tous les efforts qu'ont pu faire les protectionnistes, les adversaires de la science économique, pour combattre les lois économiques, n'ont jamais été faits que conformément à ces lois économiques, ne sera-ce pas une preuve de la reconnaissance, par ceux mêmes qui la nient, de la vérité et de l'universalité des lois qu'elle a constatées ?

X.

Que font les protectionnistes, quand ils établissent des droits de douane? Mais ils font exactement comme un ingénieur qui veut contrarier la loi de la pesanteur à l'égard de l'eau : ils font un bassin, ils créent une barrière ; et pourquoi créent-ils cette barrière? Ils appliquent tout simplement la loi de l'offre et de la demande, lorsqu'ils établissent une barrière pour empêcher des produits d'entrer dans un pays ; ils essaient de faire de la cherté à l'intérieur de la barrière, et c'est ce qu'ils appellent de la protection. Chaque fois qu'ils prennent une mesure pour arrêter un produit étranger et pour donner une prime à un produit national, ils raréfient sur le marché ce produit, afin de faire de la cherté en ce pays; mais par cette prime donnée aux objets qu'ils veulent protéger, ils provoquent l'abondance de ces objets. Si, par exemple, ils imposent des droits sur les filés de cotons, assez élevés pour supprimer la concurrence des manufactures étrangères, ils font un appel aux capitaux pour construire des filatures de coton. Ils font de l'abondance au point de vue de la production de filés de coton, et cette abondance serait encore bien plus considérable si elle n'était pas limitée par la main-d'œuvre disponible. Et ils arrivent à quoi?... ils arrivent à surcharger le marché de produits qui, autrement, n'auraient pas été fabriqués ; ils aboutissent au phénomène du bon marché du produit protégé. Alors ils s'étonnent, et ils disent avec ébahissement : « Les économistes avaient annoncé que nous ferions de la cherté, eh bien, voyez comment les faits démentent les prédictions des économistes : au contraire, nous avons fait du bon marché ! » — Vous avez fait du bon marché précisément parce que vous avez fait de la cherté tout d'abord; vous avez appelé des capitaux pour créer des industries factices, et il est naturellement résulté de cette abondance des capitaux l'abondance des produits; et comme, en même temps, vous aviez fermé les débouchés, vous avez encore justifié une fois de plus la loi de l'offre et de la demande. Vous avez justifié les prévisions des économistes qui vous disaient : « Si vous faites de la cherté d'un côté, vous ferez du bon marché de l'autre. »

Je viens d'indiquer très rapidement comment les protectionnistes comprennent les lois économiques. Je ne veux pas faire de polémique ici, mais je crois, tout d'abord, qu'au point de vue de la méthode, il est nécessaire cependant que je parle des adversaires de l'Économie politique.

XI.

Quand les socialistes critiquent l'Économie politique, ils se servent exactement des mêmes arguments que les protectionnistes, et je constate ce phénomène curieux : c'est qu'ils fondent leurs principaux arguments sur des généralisations ou des affirmations qui ont d'abord été faites par des économistes. On pourrait dire que les socialistes sont les orthodoxes de l'Économie politique. On parle souvent des économistes orthodoxes. Je viens de démontrer que tout économiste, digne de ce nom, n'est orthodoxe d'aucune école d'Économie politique, pas plus qu'un savant actuel n'est l'orthodoxe d'une école quelconque. Ainsi, on ne dit pas, malgré la grandeur des hommes dont je vais invoquer le nom, on ne dit pas actuellement qu'il y a des Newtoniens, on ne dit pas qu'il y a des Lamarckiens. Si on dit quelquefois qu'il y a des Darwinistes, c'est parce que les théories de Darwin sont encore sujettes à discussion. On ne dit pas, au point de vue de la physiologie, qu'il y a des Claude Bernardins ou des Pasteuriens. Il n'y a pas d'orthodoxie en Économie politique. Je ne dis pas que je suis un Smithien, ou un Sayen, ou un Bastiatien, non : nous examinons les faits et les doctrines. Eh bien! Proud'hon, par exemple, basait toutes les « Contradictions économiques » sur une définition de Say dont nous nous occuperons plus tard, et il a bâti deux volumes sur elle. Il aurait mieux fait, au lieu d'écrire ces deux volumes sur cette définition, de commencer par examiner si elle était exacte ou non.

Quand Lassalle a promulgué sa loi d'airain des salaires, qui a été le grand cheval de bataille des socialistes, qu'a-t-il fait? Il a emprunté à Ricardo une définition que Ricardo lui-même avait empruntée à Turgot; et il lui a donné une rigueur que ni Turgot ni Ricardo ne lui avaient attribuée[1]. Il a déclaré que les ouvriers ne pouvaient jamais avoir un salaire supérieur à celui qui était nécessaire pour leur subsistance et leur reproduction. Et puis, il a appelé cette formule la loi d'airain des salaires, et on entend tous les jours déclamer contre elle! Quand nous montrerons les faits au

1. Voir dans la *Tyrannie socialiste* (p. 48) les citations de Turgot et de Ricardo.

regard de la loi d'airain des salaires, nous verrons qu'elle n'est pas plus solide que la loi de Malthus. Nous verrons que, par exemple, les salaires ont augmenté depuis un demi-siècle, en Angleterre, en France, aux États-Unis, dans la proportion de 70 à 100 0/0 ; que les objets nécessaires à la vie ont diminé, au contraire, dans des proportions considérables. Que si nous considérons même les besoins qui se sont développés en vertu et de cette augmentation de salaires et du bon marché des produits, il reste encore une marge beaucoup plus grande pour la satisfaction de ces besoins que celle qui existait auparavant entre des besoins beaucoup plus précaires et les salaires existants. La loi d'airain des salaires est donc complètement démentie par les faits.

XII.

Je voudrais débarrasser la science économique de toutes les métaphores. Je crois qu'il faut, autant que possible, traiter les questions scientifiques avec les mots les plus précis.

Les métaphores appartiennent à l'éloquence barbare. Les peuplades primitives animistes sont incapables d'abstraction. Elles animent tous les objets et y incarnent toutes leurs idées. Les Iroquois et les Sioux ne parlent que par métaphores. La Bible et le Coran sont des recueils de métaphores. L'éloquence orientale est un amas d'images. Dans nos civilisations, nombre de gens les prennent encore pour des réalités, et n'aperçoivent les faits et les idées que par leur intermédiaire. Ils leur donnent une existence propre : et il y a des personnes qui s'imaginent que la loi d'airain de Lassalle existe quelque part, inscrite dans un code quelconque. D'autres personnes parlent avec terreur de « l'invasion du bétail étranger », de l'inondation des produits étrangers », et déclarent avec épouvante que nous sommes « tributaires de l'étranger ». Le « drainage de notre or » jouait autrefois un grand rôle dans les arguments protectionnistes. Quelques-uns parlent encore volontiers « de la balance du commerce », et ne comprennent pas pourquoi elle n'est jamais « en faveur » que des peuples les plus pauvres et les plus endettés. A l'aide de droits de douanes et de prohibitions, ils essaient de supprimer ce phénomène, et comme la science économique leur démontre leur folie, ils la couvrent d'anathèmes, la rendent responsable de la vanité de leurs efforts ; et ils accusent les économistes d'être « vendus à l'étranger » en général et à l'Angleterre en particulier.

XIII.

On reproche encore à la science économique

d'être une science immorale ou amorale. Je rappelais tout à l'heure que, malgré le sentimentalisme de certains économistes, on lui reprochait d'être une « école dure », et un certain nombre d'économistes allemands, les Catheder-socialisten, ont voulu donner un côté moral à la science économique. La science économique doit être considérée comme amorale. Voici pourquoi. M. Held, par exemple, dit : « L'homme n'est pas égoïste. » — L'homme n'est pas égoïste : cela n'est pas exact. L'homme est égoïste, et il ne peut vivre, se conserver et se développer qu'à la condition d'être égoïste et de n'être pas complètement altruiste. Il y a des personnes, et on en trouve dans tous les asiles d'aliénés, qui perdent leur personnalité, qui donnent tout ce qu'elles ont. On est obligé de protéger ces altruistes contre eux-mêmes, parce qu'ils disparaîtraient et qu'ils ne pourraient pas se conserver. L'égoïsme, pris dans le sens strict, est la condition même de la conservation de chacun de nous. M. Held ajoute : « L'homme ne connaît pas toujours pour le mieux ses intérêts ». C'est évident, il se trompe souvent, et nous en avons si bien la conviction que nous nous efforçons de lui faire mieux comprendre ses intérêts. Mais l'acquisivité est un besoin de l'homme, et c'est un besoin constant. Au moment où nous respirons, nous absorbons un agent naturel, en vertu d'un besoin auquel nous ne pouvons pas résister sous peine de mort rapide. Si mus par un large sentiment altruiste, nous voulions abandonner notre part d'air à nos voisins, nous cesserions de vivre ; et le Dr Laborde aurait beau nous tirer la langue, il ne nous ressusciterait pas.

La science économique constate tout simplement que tout désir, bon ou mauvais, au point de vue moral, peu importe, constitue un besoin. La qualité du désir, nous n'avons pas à l'apprécier. Souvent ceux qui achètent des diamants pour eux ou pour les donner, en font un usage qu'on peut considérer, sans être très prude, comme immoral. Cela n'ôte rien à leur valeur ; au contraire : car cet usage en augmente la demande. La science économique ne peut considérer qu'une chose : c'est qu'un diamant, entré en possession de l'homme, a une valeur ; si les diamants sont abondants sur la place et si personne n'en a besoin, les diamants baisseront de prix ; si, au contraire, les diamants sont rares sur la place, et s'il y a des gens très généreux, à tort ou a raison, qui ont besoin de diamants, les diamants hausseront de prix. Voilà à quel point de vue l'Économie politique estime les diamants, et c'est sous ce rapport qu'elle considère toute espèce d'objets. Elle ne voit aucun objet en lui-même ; elle n'a pas à s'inquiéter de l'usage de tel ou tel objet. Peu importe qu'il soit bien ou mal employé. Elle ne s'occupe que des répercussions économiques que peut avoir l'usage de ces objets.

XIV.

M. Metz-Noblat, qui était professeur d'Économie politique à Nancy, a fait un cours d'Économie politique qui débute par ces mots : « Cherchez donc premièrement le royaume de Dieu, et tout le reste vous sera donné par surcroît ». Nous ne croyons pas que la science économique ait à chercher le royaume de Dieu ; nous croyons qu'elle n'a qu'à s'occuper de questions matérielles. Elle est laïque, pourrait-on dire, par essence, comme la physique ou la chimie, en ce sens que les préoccupations théologiques ou métaphysiques doivent être écartées complètement de ses conceptions.

XV.

D'après une autre tendance qui existe actuellement parmi beaucoup de personnes qui s'occupent d'Économie politique, l'Économie politique doit n'être qu'une science descriptive. Les sciences peuvent commencer par être descriptives ; il est très utile qu'elles le soient à un certain moment.

Nommer et classer des choses, les définir, évidemment c'est très utile. La botanique et la zoologie ont commencé par là. Cependant il arrive un moment où il faut pénétrer plus avant, où la physiologie remplace les descriptions et les classifications. Tout d'abord, nous considérons, et je considère, pour mon compte, que la science économique doit rechercher les phénomènes, et doit tâcher de les classer ; mais elle doit surtout s'attacher à déterminer les rapports qui existent entre eux, établir leur identité sous leurs diversités apparentes, de manière à formuler ce qu'on appelle des lois scientifiques.

XVI.

Adam Smith en 1776, et Jean Baptiste Say, dès 1805, et dans son *Cours d'Économie politique* de 1826, ont eu bien soin de dire précisément qu'il fallfallait observer des faits pour dégager un certain nombre de lois. Ainsi Adam Smith, que la prétendue méthode historique, que les prétendus économistes historiens ont rejeté très loin, a cependant fait des monographies considérables. La meilleure et la première monographie des Banques qui ait paru, a été publiée dans son ouvrage sur les *Recherches et les causes de la richesse des nations.* Dans les ouvrages de Jean-Baptiste Say, aussi bien dans son *Traité d'Économie politique* que dans son *Cours d'Économie politique*, il y a un très grand nombre d'observations, et d'observations qui ont été faites avec détail. Par conséquent, on a eu le plus grand tort, en se basant sur les deux grandes généralisations de Malthus et de Ricardo, de dire que la science économique n'était que déductive. A chaque instant, nous sommes obligés de vendre et d'acheter, car la base de notre civilisation, c'est l'échange. Nous obéissons aux lois économiques sans nous douter de ce que nous faisons. Nous les pratiquons, comme M. Jourdain faisait de la prose. Mais, si je cite M. Jourdain, j'ai tort. Il est évident que chacun de nous fait une quantité d'actes, tous les jours, sans se rendre compte de ce qu'il fait. Nous respirons sans nous occuper, quand nous respirons, des phénomènes de la respiration ; quand nous mangeons, nous ne faisons pas un effort d'abstraction pour examiner en nous-mêmes les phénomènes de la nutrition. On s'est servi du levier bien longtemps avant d'en avoir fait la théorie, et, tous les jours, des multitudes d'hommes en font usage machinalement. L'empirisme précède la science. Que fait la science ? Elle esssaie de dégager, précisément, de l'empirisme existant, un certain nombre de lois fixes ; et quelle est son utilité ? Son utilité, c'est de supprimer les tâtonnements par lesquels a passé peu à peu l'humanité : c'est de tenir pour acquises les expériences qui ont été faites. Il y a quelques notions très simples, formulées très brièvement, qui représentent les efforts de tous les siècles avant qu'elles aient pu être dégagées : et tous les jours, nous cherchons à en dégager de nouvelles. Jusqu'au jour où Pascal fit porter une colonne de mercure au haut du Puy-de-Dôme, on ne se rendait pas compte du phénomène de la pesanteur de l'air. Ce jour-là il a été acquis. Depuis il ne fait plus de doute et cette connaissance a permis de découvrir toute une série de phénomènes qu'auparavant l'humanité n'avait pu pénétrer. Des applications utiles en sont résultées, et ont augmenté le pouvoir de l'homme.

A quoi reconnaît-on un savant d'un ignorant? Est-ce qu'un savant, c'est l'homme qui s'est incurgité énormément de mots ou même de faits dans la cervelle? Un jour, on m'a présenté, comme un phénomène, un brave homme qui avait lu tout le Larousse. Je le félicitai de sa patience, mais, modestement, je ne pus m'empêcher de lui dire qu'il aurait peut-être fait beaucoup mieux de bien étudier une question au lieu de passer son temps à lire le Larousse. En effet le savant n'est pas celui qui s'est encombré la cervelle de beaucoup de faits ou de beaucoup de mots, c'est celui qui a déterminé un certain nombre de points de repère.

Dès que deux ingénieurs, deux personnes au courant de certaines questions, deux administrateurs se trouvent ensemble, immédiatement, au premier mot, ils savent s'ils sont compétents ou s'ils ne le sont pas. Ils se reconnaissent, ils parlent le même langage, parce qu'il y a, pour eux, un certain nombre de lois qui sont indiscutables, de procédés sur lesquels on ne peut pas revenir; l'homme compétent se distingue parce qu'il a la clé de ces connaissances que l'homme incompétent n'a pas. Vous n'avez qu'à prendre un cocher de fiacre; il sait comment tenir ses rênes et utiliser son canasson. Prenez un cocher d'omnibus, il sait exactement dans quel rayon il doit tourner à un coin de rue. Voilà l'homme compétent, parce qu'il a certaines règles fixes, tandis qu'au contraire, l'homme incompétent prendra certainement trop court et heurtera le trottoir parce qu'il n'aura pas fait ce qui était nécessaire.

On sait *à priori,* lorsqu'on a dégagé certains principes, qu'il y a des choses impossibles. Par exemple tout inventeur de mouvement perpétuel qui viendra présenter à un mécanicien ou à un physicien son système sera écarté immédiatement; tout inventeur de pierre philosophale qui viendra offrir sa découverte à un chimiste sera éconduit.

De même (et c'est là, au point de vue social, l'utilité de la science économique), il faut que nous dégagions certaines lois précises; il faut que nous déterminions certains points de repère, de manière que nous sachions, à première vue, si, oui ou non, vous êtes dans la catégorie des compétents ou dans la catégorie des incompétents; et cette catégorie des incompétents, il faut que nous la rendions la moins nombreuse possible. Ce que je voudrais faire, dans les études qui vont suivre, c'est de débroussailler un peu la science économique et de montrer, en exposant les faits de la manière la plus simple et la plus claire, qu'elle n'a rien de mystérieux et qu'il est facile de s'y reconnaître. Ce que je voudrais, c'est de laisser dans les esprits un certain nombre de formules claires et précises, de manière, précisément, à faire cette sélection qui permette de se reconnaître et de s'orienter au milieu de l'accumulation des faits économiques qui se précipitent autour de nous.

Je rappelle dès maintenant qu'une *loi naturelle est un rapport constaté entre des phénomènes déterminés;* c'est là le caractère de la loi. Seulement, comme l'a fort bien dit Littré, une loi naturelle devient une puissance mentale, car elle se transforme en instrument de logique, et elle devient également une puissance matérielle, car elle nous donne les moyens de diriger les forces naturelles.

Au point de vue économique, ce que nous avons à considérer, ce sont des utilités. Mais, qu'appelons-nous utilité[1]?

Nous pouvons considérer que le diamant, dont je parlais tout à l'heure, est du superflu, mais nous

1 M. Vilfredo Pareto vient de publier son cours d'Économie politique à Lausanne. Il propose de remplacer le mot utilité par le terme ophélimité, du grec ὠφέλιμος, pour exprimer le rapport de convenance qui fait qu'une chose satisfait un besoin ou un désir légitime ou non.

devons considérer que tout objet qui est approprié par l'homme constitue une utilité pour lui; il n'y a de valeur économique pour cette utilité qu'à la condition qu'il y ait une autre personne qui en ait besoin de son côté. Et voilà bien le point sur lequel j'insiste: c'est que la science économique n'a à juger que les rapports des utilités possédées.

L'utilité possédée par un individu, pour lui isolé, tout seul, est en dehors de la science économique. Robinson, dans son île, est en dehors d'elle. Quand il commence à contracter avec Vendredi, il touche à l'Économie politique; car la science économique ne s'occupe que des rapports entre les utilités possédées réciproquement par tels et tels individus et leurs besoins respectifs. Vous savez que le terme Économie politique est composé de deux mots grecs: οἶκος et νόμος, maison et règle, et que Xénophon a indiqué que l'Économie était la science des choses possédées par l'homme. Ce n'est pas une définition exacte. De même la définition d'Adam Smith. Adam Smith déclare qu' « elle a pour but d'examiner les causes qui ont perfectionné les facultés productives du travail et l'ordre selon lequel son produit se distribue naturellement parmi les différentes classes du peuple ». Jean-Baptiste Say dit: « C'est la science qui montre comment la richesse se forme, se distribue et se consomme; » Rossi: « L'Économie politique est la science de la richesse; » Stuart Mill: « La science qui traite de la production et de la distribution des richesses ». Courcelle-Seneuil l'appelle : « La science de la richesse ».

Je considère que toutes ces définitions ne sont pas rigoureusement exactes. L'Économie politique est la *science des valeurs,* comme a dit Mac-Culloch ; c'est la *science de l'échange.* Il n'y a de phénomène économique que lorsqu'un individu possédant telle ou telle utilité, tel ou tel autre individu a besoin de cette utilité. Alors survient un contrat entre ces deux individus pour échanger ces deux valeurs, et la valeur n'existe que lorsqu'il y a une utilité possédée par un individu et qu'il y a un autre individu qui a besoin de cette utilité; l'échange ne se produit que lorsque secundus peut offrir une utilité à primus.

La science économique est donc la science des échanges; mais la base de tout échange ce sont les valeurs, et ce que nous avons à chercher, c'est la condition des variations de valeur de telles et telles marchandises, de tels et tels capitaux.

En un mot, *la science économique a pour objet de déterminer les lois générales et immuables, conformément auxquelles se font les échanges et s'établissent les valeurs.*

Je termine en donnant la définition de trois termes dont nous aurons souvent à nous servir.

J'appelle *propriété* le droit qu'un individu ou un groupe d'individus exercent sur des utilités déterminées ; *richesse,* la quotité relative de ces utilités ; et *capital,* la fonction des utilités possédées. Voilà les trois termes sur lesquels nous appuierons nos prochaines démonstrations.

Nous examinerons dans la science économique l'esprit des faits; et de nos approximations, nous tâcherons de dégager des lois.

CHAPITRE II.

L'ÉCHANGE.

I. Caractère de l'invention. — La recherche du moindre effort. — II. L'échange. — N'existe pas chez les peuples primitifs. — Le groupe féodal se suffit à lui-même. — Les clients. — L'échange à l'extérieur du groupe. — L'échange par la force représente le maximum d'effort. — *Le progrès consiste à transformer l'ennemi en client. — L'échange est le propre de l'homme.* — III. Civilisation de l'échange. — Les Phéniciens. — Les Athéniens. — Civilisation guerrière : Rome. — IV. Le moyen âge. — Les républiques commerçantes. — Elles fondent le droit commercial. — Elles assurent la circulation. — V. La découverte de l'Amérique. — Causes de la ruine de l'Espagne. — Les colonies considérées comme ne devant procurer que des métaux précieux. — Le commerce de Cadix. — Les Portugais. — Compagnies : monopoles politiques en même temps que commerciaux. — Le pacte colonial. — L'Angleterre. — Pas un fer de cheval. — Développement du commerce de l'Amérique du Nord et des colonies. — VI. Le système mercantile. — Défense d'exporter en Angleterre une brebis sous peine de mort. — Défense d'exporter des machines jusqu'en 1843. — Théorie de Charles IX. — VII. L'échange, manière d'acquérir la propriété. — La guerre est une industrie qui ne paye plus ses frais. — L'échange est en rapport avec le développement de la civilisation. — La civilisation moderne est la civilisation de l'échange. — Les tentatives de régression. — Nécessité de comparer nos actes actuels à ceux du passé. — VIII. L'intervention économique du gouvernement a toujours eu *pour résultat d'augmenter l'effort que le commerce a pour but de diminuer.*

I.

Dans le chapitre précédent, j'ai indiqué que la science économique ne se préoccupait que des échanges et qu'on pouvait la définir la science des valeurs.

Dans ce chapitre, je vais parcourir rapidement l'évolution de l'échange dans l'humanité.

Prenez un individu isolé tel que Rousseau le supposait à l'état de nature. Cet homme tâche d'annexer à ses forces musculaires un outil quelconque. Il prend une trique et le jour où, de sa trique, il fait un levier pour soulever une pierre, un grand progrès s'accomplit. Mais qu'est-ce que ce progrès? *C'est la loi du moindre effort*. Cet homme a cherché à faire un moindre effort pour se procurer une utilité, et toute l'histoire de l'invention humaine obéit à cette loi : l'homme cherche la moindre résistance; plus il est ingénieux, plus il cherche à diminuer son effort.

Souvent, pour diminuer cet effort dans l'avenir, il est obligé de faire un grand effort présent, et c'est là ce qui distingue les populations progressives de celles qui ne le sont pas. Les populations progressives cherchent à améliorer tous les jours, par un effort immédiat, leurs instruments de travail, de manière qu'une fois qu'elles les possèdent, l'effort quotidien soit épargné. Le jour où l'individu remplace le panier qu'il portait sur l'épaule par la brouette, il a fait une grande économie d'effort quotidien pour le transport des terres ou des pierres. Le jour où il attelle un cheval, où il lui fait traîner un fardeau qu'il porterait autrement, c'est un nouveau progrès considérable. Le jour où il construit une route et où il utilise de mieux en mieux la force de ce cheval et sa charrette, ce jour-là il est rémunéré largement de la peine qu'elle lui a coûté. Et enfin, la route est transformée en chemin de fer; il peut transporter un millier de tonnes à une vitesse de 30 ou 40 kilomètres à l'heure, à la place de la tonne ou des deux tonnes que pouvait transporter au pas un cheval attelé à un tombereau. Nous voyons se réaliser, par conséquent, dans toute l'histoire de l'invention, la tendance perpétuelle de l'homme à rechercher les moyens d'exercer un moindre effort pour obtenir des utilités égales. Mais, pour obtenir ce résultat, il a dû faire un effort préalable.

On peut mesurer le degré de civilisation d'un peuple aux efforts qu'il emmagasine pour épargner les efforts de sa vie quotidienne : cet emmagasinement d'efforts s'appelle des constructions, des routes, des canaux, des chemins de fer, des télégraphes, l'outillage sous toutes ses formes.

II.

Nulle part on n'a vu l'homme isolé. L'observation ne nous montre que des groupes de personnes. Ces personnes possèdent respectivement des utilités qu'elles voudraient se procurer réciproquement. Selon le développement de la civilisation, il y a échange ou il n'y a pas échange. Dans la horde primitive, il n'y a pas d'échange. Les individus se battent, ils empoignent ce qu'ils peuvent, ce qu'ils trouvent à leur convenance. Vous voyez, en lisant les récits de voyages des navigateurs dans la Polynésie, par exemple, au XVIIIe siècle, que la notion de la propriété personnelle n'existe pas chez la plupart des sauvages chez qui ils abordent. Ces hommes volent sans aucune espèce de scrupule. Ils considèrent que ce qui leur convient doit leur appartenir. Vous voyez, dans ces civilisations, certaines coutumes qui déterminent le partage du gibier, par exemple chez les Australiens. Pourquoi ces coutumes?... parce que le besoin de conservation a été tel que les individus, pour ne pas se battre chaque fois qu'ils prennent une proie, ont déterminé les morceaux qui revenaient à celui-ci ou à celui-là.

Dans la tribu, même avec une civilisation plus développée, pas d'échange. Il y a un chef de la tribu; ce chef de la tribu détermine la tâche de chacun; il la répartit selon la coutume, selon son autorité, selon ses caprices; on lui obéit. L'homme peut se servir de la femme pour se procurer aussi des utilités; il en use comme d'une esclave. L'amiral Fitz-Roy reprochait à des Fuégiens d'avoir tué une vieille femme pour la manger, au lieu d'avoir tué un chien. Ces Fuégiens lui répondirent : « Mais le chien prend la loutre. » L'enfant est considéré comme un esclave donné par la nature.

Dans l'intérieur de la tribu, il n'y a pas de commerce et, si nous suivons la civilisation féodale, nous trouvons que, dans le milieu du groupe féodal, il n'y a pas davantage de commerce.

Des socialistes qui prétendent faire du socialisme historique ont célébré cette situation en disant : que le groupe féodal se suffit à lui-même. Oui, il se suffit à lui-même, il n'échange pas. Vous voyez une large hospitalité pratiquée dans les beaux temps de la féodalité ; la grande salle de Wesminster était la salle à manger de Guillaume le Roux. Mais pourquoi ?... C'est qu'il n'y avait pas de commerce ; le Seigneur féodal ne pouvait vendre ni son orge, ni son blé, ni son bétail. S'il avait de grandes terres, il ne pouvait pas en distribuer les produits au dehors. Il fallait donc qu'il consommât ses produits sur place, et alors il créait autour de lui une clientèle à laquelle il donnait de la nourriture, et de laquelle il réclamait toutes sortes de services. On raconte que le grand Warwick avait, tous les jours, dans ses divers châteaux, jusqu'à 30,000 personnes vivant à ses frais. Ce sont là des groupes politiques extrêmement puissants et extrêmement dangereux. L'hospitalité écossaise n'est pas que la constatation légendaire de ce fait. Adam Smith raconte que cette forme de groupe arrivait à une telle situation qu'un gentilhomme de Loch-Aber, en Écosse, qui s'appelait Cameron de Rakell et qui était tout simplement un vassal du duc d'Argyle, sans aucune espèce de titre, n'ayant pas plus de 500 livres de revenu par an, exerçait sur ses gens la justice criminelle la plus complète, parce qu'ils vivaient autour de lui et sur son domaine, et qu'il entraîna avec lui 800 hommes dans la révolte de 1785.

Le chef de groupe entretient autour de lui un certain nombre de personnes; il répartit la besogne entre elles ; il répartit les charges entre elles; il les alimente comme il l'entend, mais la notion de l'échange ne s'exerce qu'à l'extérieur ; la notion de l'échange se fait de tribu à tribu. Telle tribu a telle ou telle utilité que telle ou telle tribu voudrait bien se procurer; ou bien, à un moment donné, les pâturages d'une tribu sont mauvais; une autre tribu, au contraire, a des ressources, et la tribu voisine voudrait bien se procurer les ressources de l'autre tribu.

La question de l'eau joue dans tout l'Orient un très grand rôle; elle explique ces haines, ces batailles, et ces luttes terribles des Bédouins et des Turkomènes pour savoir à qui possédera la source.

Homère nous montre Autolycos, beau-père d'Ulysse, acquérant une grande richesse par des rapines et des brigandages. Achille, Ménélas, pillent à toute occasion. Les Sioux et les Iroquois, et autres tribus, représentant quelques centaines de mille têtes sur des territoires plus grands que l'Europe, se les disputaient dans des guerres terribles où elles se scalpaient à tour de rôle.

Les mauvais procédés de tribu à tribu sont

la première forme de l'échange; mais c'est un échange extrêmement pénible et périlleux.

Il représente la plus grande résistance.

Celui qui se procure des utilités grâce à ce moyen, s'il risque de tuer les autres, risque d'être tué lui-même. L'intéressé, si peu perspicace qu'il soit, finit par comprendre que cette forme d'échange est surtout destructive des utilités qu'il voulait acquérir. Dans l'Afrique, encore actuellement, nous voyons le pombeïro, le mulâtre portugais, pour se procurer cinquante femmes, détruire dix villages.

Peu à peu, en raison de cette observation, en raison de la loi qui nous porte à chercher la moindre résistance, en raison de cette loi qui domine notre activité, la loi du moindre effort, la notion de l'échange pacifique fait place à la notion de l'échange par violence. On s'aperçoit qu'il est plus facile d'acheter quelque chose à quelqu'un que de le prendre de force ; et on transforme l'ennemi de la veille en client.

Mais cette notion a été longue à se dégager, car elle implique une série d'efforts intellectuels très développés : comparaison des objets, estimation de leur valeur réciproque, conclusion et exécution d'un contrat. Aussi ne voyons-nous la notion de l'échange exister chez aucun animal. Jamais un chien n'a échangé avec un de ses congénères un os contre une gamelle de soupe. L'échange est le propre de l'homme.

III.

Cette évolution de l'échange est tout simplement l'application de la loi du moindre effort.

Les vieilles civilisations de castes se plient difficilement à l'échange, mais nous trouvons des principes d'échange développés chez les Phéniciens qui ont été des instruments civilisateurs de premier ordre. MM. Perrot et Chipiez, dans leur bel ouvrage sur l'histoire des beaux-arts dans l'antiquité, ont rendu un hommage mérité à ce peuple qui a apporté l'alphabet dans les civilisations occidentales, qui a mis en rapport les civilisations chaldéennes et égyptiennes avec la Grèce et avec l'Italie, qui s'est lancé à travers la Méditerranée et qui en a été le véritable colonisateur.

Ce peuple n'était pas conquérant ; il n'avait qu'une seule préoccupation : c'était de fonder des comptoirs, en général sur une île isolée près de la terre. Il n'essayait pas d'intervenir dans le gouvernement des indigènes qu'il rencontrait auprès de lui ; il essayait tout simplement de faire du commerce avec eux ; nous pouvons considérer immédiatement, chez les Phéniciens, un caractère que nous retrouvons partout dans les civilisations commerciales : c'est un sentiment individualiste. A cette époque, qui remonte au xe siècle avant notre ère, nous voyons un peuple chez lequel il y a des individus qui ont conscience d'eux-mêmes, qui ont conscience de leur tâche. Ce sont de grands navigateurs, et vous savez que la navigation exige des vertus morales de premier ordre : elle exige de la volonté, de la persévérance, du sang-froid, du courage et un sentiment de solidarité à l'égard du péril. Les Phéniciens n'étaient que quelques centaines de mille, et cependant ils avaient résisté aux invasions assyriennes ; ils avaient fondé des colonies, ils avaient fondé des ports de refuge. Ce qui perdit Carthage, c'est que Carthage, qui était une émanation des Tyriens, abandonna cette politique et voulut faire des conquêtes à son tour.

Après les Phéniciens, nous trouvons un petit peuple qui domine toute la civilisation antique et dont la chaude expansion nous imprègne encore : c'est le peuple athénien. Si nous parlons de la Grèce, à coup sûr, ce n'est pas l'Arcadien, gardeur de porcs, le Laconien, mangeur de châtaignes, qui nous intéresse, c'est l'Athénien. Eh bien, qu'est-ce qu'Athènes ? C'est une nation de commerçants ; c'est une nation même qui, malgré le nombre d'esclaves qui dominait le nombre des citoyens libres, avait le sentiment du travail et du respect du travail. Périclès disait : « Il n'y a de honte qu'à ne point échapper à la pauvreté par le travail. » Il était défendu de reprocher à qui que ce fût son état. Mais l'Athénien est surtout un commerçant. Il va chercher les productions de l'Asie

Mineure, il tire des lettres de change sur les Assyriens et il rapporte en même temps les arts et les sciences de l'Égypte et de la Chaldée. Il a la notion du contrat et les dikastes prêtent le serment solennel de respecter les contrats, de ne pas abolir les dettes, de ne pas altérer la monnaie et de ne pas faire le partage des terres.

Si nous passons ensuite à une des grandes civilisations de l'antiquité, aux Romains, nous voyons que Rome n'avait pas le moindre sentiment de l'échange ; nous retrouvons là la civilisation guerrière dans toute sa force. Pour Rome, il n'y avait qu'une seule politique, c'était l'exploitation des peuples vaincus, à son profit. Qu'en est-il résulté? C'est que, si Rome a établi la *pax romana*, elle a ruiné toutes les provinces sur lesquelles son joug s'est appesanti. Le commerce n'existait pas à Rome, et il en résultait quoi? une tourbe qui obéissait à toutes les suggestions. Le *panem et circenses* a été le fond de toute la politique romaine. Ce peuple, ne connaissant plus d'autre effort que celui de la mendicité, a été frappé d'une impuissance dont il ne s'est pas relevé. Rome a épuisé les provinces conquises; elle les a épuisées d'hommes, elle les a épuisées de ressources. Vous connaissez tous l'histoire des curiales; on leur donnait tous les honneurs municipaux, mais ils étaient responsables des impôts et ils étaient condamnés à la ruine, sinon à l'emprisonnement et à la torture.

Dans cette civilisation guerrière, civilisation

oppressive, l'individualité ne se développe pas ; les deux civilisations précédentes, au contraire, étaient des civilisations expansives dans lesquelles l'individu jouait un rôle prédominant.

IV.

Si nous arrivons au moyen âge, nous trouvons, d'un côté, la civilisation féodale dont j'ai indiqué tout à l'heure le caractère, je n'y reviendrai pas ; mais quelles sont les villes, quels sont les groupes qui ont réellement sauvé la civilisation pendant cette période ? Ce sont les Républiques commerçantes de l'Italie, c'est Venise, c'est Florence, c'est Pise, c'est Gênes ; ce sont les villes hanséatiques du Nord ; ce sont les villes du Midi comme Montpellier, Narbonne, Marseille, Agde, Saint-Gilles, Arles. Là, nous trouvons une civilisation bien autrement avancée que dans les groupes féodaux ; nous trouvons d'abord une largeur d'idées qui les fait contracter avec les Musulmans. Ces groupes arrivent à établir des comptoirs, des fongouces avec des consuls, qui ont une autonomie, sur le territoire des musulmans. Ce sont eux qui déterminent les règles du droit maritime ; ce sont eux qui déterminent les règles du droit commercial ; ce sont eux qui substituent au contrat personnel le contrat réel. Peu importe la religion, peu importe la race, peu importe le groupe politique auquel appartient tel ou tel individu, du moment qu'il y a un contrat entre cet individu et tout autre individu, le contrat doit être tenu. Au point de vue juridique comme au point de vue économique, comme au point de vue de la tolérance religieuse, il est évident que les civilisations commerciales du moyen âge ont joué un rôle décisif. Je ne parlerai pas de l'influence que ces civilisations ont eue sur les arts ; je ne parlerai ni de Venise, ni de Florence, ni de Gènes, mais elles ont eu une autre influence civilisatrice : elles sont arrivées à assurer la liberté de la circulation autant qu'on pouvait l'assurer à cette époque. Leurs négociants se groupant en compagnies, elles ont stipulé avec des princes, demandant que les gabelles ne fussent point augmentées d'une manière imprévue; demandant qu'un acte coupable commis par un de leurs nationaux n'emportât qu'une responsabilité individuelle et non collective, ce qui est un principe de droit moderne ; enfin que les balles de marchandises ne fussent point ouvertes sur le chemin ; que les marchandises ne fussent point saisies pour fait du conducteur ; que si les marchands avaient subi une offense ou un préjudice, la punition, le dédommagement eût lieu dans le plus court délai.

Ce sont là les principes du droit commercial international.

V.

Nous arrivons maintenant à une autre phase de l'expansion commerciale du monde ; c'est la phase de la découverte de l'Amérique. Mais l'Amérique devient surtout la proie des Conquistadores. Ici nous retrouvons la civilisation guerrière : Fernand Cortez au Mexique, Pizarre au Pérou. Au lieu de se faire des clients de ces deux groupes humains qui étaient arrivés à un certain niveau de civilisation, ils les détruisent, ils les massacrent ; ils se procurent de l'or par violence ; ils se détruisent eux-mêmes, parce qu'une des conséquences de la politique de pillage et de brigandage, c'est de faire éliminer les brigands et les pillards par eux-mêmes.

De plus, ils arrivèrent à ruiner l'Espagne, et pourquoi ? Ces terres nouvellement découvertes ne furent pas considérées comme pouvant provoquer des échanges ; elles furent considérées comme des biens de la couronne qui devaient être exploités directement au profit du monarque. Alors on partit de ce point de vue : c'est que ces pays devaient acheter exclusivement, et à des prix surfaits, dans la mère-patrie. En même temps, on considérait que ces pays ne représentaient qu'une seule richesse : l'exportation des métaux précieux. On engorgea l'Espagne de métaux précieux et on paralysa toute espèce d'industrie et d'échange.

Cette manière de comprendre les colonies a duré jusqu'au XVIIIe siècle. Voici un passage de Voltaire qui raconte de quelle manière se faisait le commerce des colonies espagnoles. Il était fort au courant de ces questions, ayant des intérêts dans les bateaux de Cadix :

« Quant à la manière dont l'or et l'argent du Pérou parviennent à tous les peuples de l'Europe, et de là vont en partie aux grandes Indes, c'est une chose connue, mais étonnante. Une loi sévère établie par Ferdinand et Isabelle, confirmée par Charles-Quint et par tous les rois d'Espagne, défend aux autres nations non seulement l'entrée des ports de l'Amérique espagnole, mais la part la plus indirecte dans ce commerce. Il semblait que cette loi dût donner à l'Espagne de quoi subjuguer l'Europe ; cependant l'Espagne ne subsiste que de la violation perpétuelle de cette loi même. Elle peut à peine fournir quatre millions en denrées qu'on transporte en Amérique ; et le reste de l'Europe fournit quelquefois pour cinquante millions de marchandises. Ce prodigieux commerce de nations amies ou ennemies de l'Espagne se fait sous le nom des Espagnols mêmes, toujours fidèles aux particuliers, et toujours trompant le roi, qui a un besoin extrême de l'être. Nulle reconnaissance n'est donnée par les marchands espagnols aux marchands étrangers. La bonne foi, sans laquelle il n'y aurait jamais eu de commerce, fait la seule sûreté.

« La manière dont on donna longtemps aux étrangers l'or et l'argent que les galions ont rapportés d'Amérique fut encore plus singulière. L'Espagnol, qui est à Cadix facteur de l'étranger, confiait les lingots reçus à des braves qu'on appelait Météores. Ceux-ci, armés de pistolets de ceinture et d'épées, allaient porter les lingots numérotés au rempart, et les jetaient à d'autres Météores, qui les portaient aux chaloupes auxquelles ils étaient destinés. Les chaloupes les remettaient aux vaisseaux en rade. Ces Météores, ces facteurs, les commis, les gardes, qui ne les troublaient jamais, tous avaient leur droit, et le négociant n'était jamais trompé. Le roi, ayant reçu son indult sur ces trésors à l'arrivée des galions, y gagnait lui-même. Il n'y avait proprement que la loi de trompée, loi qui n'est utile qu'autant qu'on y contrevient, et qui n'est pourtant pas encore abrogée, parce que les anciens préjugés sont toujours ce qu'il y a de plus fort chez les hommes.

« Le plus grand exemple de la violation de cette loi et de la fidélité des Espagnols, s'est fait voir en 1684. La guerre était déclarée entre la France et l'Espagne. Le roi catholique voulut se saisir des effets des Français. On employa en vain les édits et les monitoires, les recherches et les excommunications ; aucun commissaire espagnol ne trahit son correspondant français. »

Les Portugais n'avaient pas une meilleure organisation coloniale. Dans les Indes occidentales, ils créèrent une compagnie de monopole ; en même temps ils firent intervenir dans le commerce la politique. Ils nommèrent un vice-roi de Goa. Ce vice-roi ne devait conserver ses fonctions que pendant trois ans et, naturellement, ce vice-roi essayait de s'enrichir pendant cette période. D'un autre côté, tous les peuples qui essayèrent de négocier avec les Indes Occidentales firent des compagnies, s'arrogèrent des monopoles et engagèrent bien plutôt des luttes politiques violentes qu'ils ne s'occupèrent de faire du commerce.

Le pacte colonial qui était pratiqué non seulement par l'Espagne et le Portugal, mais aussi par l'Angleterre, qui s'appliquait également à la France, reposait sur cette idée : que les colonies ne devaient s'alimenter que des produits fournis par la mère-patrie. C'était un monopole pour assurer des débouchés à la mère-patrie. On connaît cette fameuse phrase prononcée par un ministre anglais, au moment où se formulaient les réclamations des colonies de l'Amérique du Nord : « Je ne voudrais pas y voir fabriquer un seul fer à cheval. » On interdisait les manufactures ; on interdisait toute espèce de commerce d'exportation ; on interdisait toute fabrication. On arrivait tout simplement à ruiner les colonies, et on n'enrichissait pas la mère-patrie ; on ne développait que la contrebande, comme l'indique le résultat suivant. Lorsque les colonies de l'Amérique du Nord se séparèrent de l'Angleterre, naturellement les Anglais criaient sur tous les tons qu'ils seraient ruinés complètement, que le commerce cesserait entre elles et eux. Or la moyenne des importations des articles anglais était, en 1771 et dans les années précédentes, de 3,064,000 livres sterling; en 1784, elles s'étaient élevées à 3,359,000 livres sterling et, en 1806, à 12,389,000 livres sterling, sur un total d'exportations anglaises de 38,732,000 livres. Par conséquent les importations des produits anglais en Amérique, après l'affranchissement des États-Unis, atteignaient à peu près le tiers de l'exportation totale des Anglais.

Je dois dire ici qu'Adam Smith, dans son livre de 1776, avait conseillé aux Anglais de renoncer à leur monopole colonial, et, par là, il avait montré la justesse de ses vues, en dépit du dédain des hommes politiques pour les économistes.

VI.

Pour compléter les erreurs des hommes d'état en matière de commerce, nous trouvons le système mercantile lié au pacte colonial. Partout on avait la préoccupation d'empêcher d'exporter certains produits, des matières premières, des blés, et, au contraire, d'importer des matières premières, mais, en même temps, de ne pas importer des produits fabriqués. Cette conception n'est pas nouvelle : à Athènes, elle existait également; il y avait défense d'exporter des blés et tous les autres produits du sol, excepté l'huile, tandis qu'on pouvait exporter des robes de lin, des teintures de pourpre, des tuniques, de la bijouterie, des armes, des fers ouvrés. On importait du blé, on importait des comestibles salés, on importait des matières premières.

Sous Elisabeth, il y avait prohibition d'exportation des blés ; on empêchait le fermier d'envoyer son blé sur le marché le plus avantageux, car c'est à cette conséquence qu'on aboutit quand on prohibe une exportation, et non seulement l'exporportation du blé était interdite, mais l'exportation d'une brebis entraînait la peine de mort. Jusqu'en 1843, en Angleterre, il était interdit d'exporter des machines. Ce fait montre combien les anciens préjugés ont survécu longtemps, et comment des choses que nous considérons actuellement comme absurdes ne sont abrogées que d'hier.

Dans le système mercantile que nous avions également en France, Charles IX interdisait le transport hors des frontières des laines, des lins, des chanvres et des filasses, « sous prétexte du profit que fait l'étranger lequel les vient chercher communément à petits frais et les fait mettre à l'œuvre et apporte des draps et des linges qu'il vend à un prix excessif. »

VII.

Ces rapides indications sur les diverses évolutions de l'échange montrent que l'échange n'est qu'une des manières d'acquérir la propriété. Cette acquisition s'est faite d'une manière violente tout d'abord. Ces traces de violence se sont conservées encore de nos jours. La civilisation guerrière domine toujours nos civilisations ; mais cependant nous devons considérer qu'actuellement la guerre n'est pas le moyen le plus simple et le moins cher d'acquérir la propriété. D'abord la guerre s'est humanisée et tandis qu'autrefois la guerre comportait le pillage complet de la propriété du vaincu, maintenant il est entendu qu'on respectera la propriété privée. Par conséquent, la guerre donne un moindre profit qu'elle ne donnait jadis. La guerre est une industrie qui ne paie pas ses frais. Elle ne les a jamais bien payés. Elle a toujours été beaucoup plus destructive que rémunératrice, mais, à coup sûr, plus nous allons, plus elle deviendra onéreuse pour le vainqueur comme pour le vaincu. Par conséquent, la guerre doit être éliminée comme instrument d'acquisition.

Si nous observons les grandes phases de l'évolution humaine, nous voyons qu'au fur et à mesure que la notion de l'échange s'est développée, elle a entraîné avec elle une augmentation de civilisation. On peut considérer que son caractère a été essentiellement progressif. Maintenant, quand nous apprécions les actes des diverses civilisations que je viens d'indiquer, nous plaçant à un autre point de vue, les comparant à l'idéal actuel de chacun de nous, à notre manière d'être, nous jugeons absurde et choquante la civilisation de tribu, la civilisation de fiefs dans laquelle il y avait un chef de famille qui répartissait la besogne, les tâches, distribuait ses faveurs selon ses caprices ou selon la coutume. Aucun de nous ne voudrait faire partie d'un pareil groupe ; aucun de nous ne voudrait être un des convives de Guillaume le Roux ou du comte de Warwick ; aucun de nous ne voudrait recevoir leur hospitalité, à la condition de devenir l'homme lige de celui qui nous nourrirait tous les jours.

Au contraire, lorsque nous voyons la civilisation commerciale développer l'individualité par l'échange ; lorsque nous voyons des gens agir pour échanger telle ou telle utilité avec d'autres, immédiatement nous nous reconnaissons ; c'est ce que nous faisons tous les jours ; tous les actes de notre vie quotidienne sont des actes d'échange ; nous en faisons plusieurs fois par jour, soit pour donner, soit pour recevoir. C'est là le caractère de la civilisation moderne. La civilisation moderne est basée toute entière sur l'échange, dont la notion ne s'est dégagée que peu à peu. Je viens de rappeler tout à l'heure que, jusqu'en 1843, en Angleterre, l'exportation des machines était proscrite. Ce n'est que d'hier que le pacte colonial a été détruit. En France, il existait encore, il y a moins de cinquante ans, et, tous les jours, des législateurs demandent qu'on y revienne. La majorité dans le parlement et dans le pays est engouée de l'ancien système mercantile, et aujourd'hui même on demande des droits de sortie, par exemple, sur les phosphates d'Algérie, alors que les droits de sortie n'existent que chez des peuples africains ou orientaux que nous considérons comme fort arriérés.

N'est-ce pas là un critérium pour juger qu'un acte est conforme à l'évolution humaine ou est un acte de régression? Chaque fois que, dans le passé, il y a eu développement d'échanges; chaque fois qu'il y a eu communication plus intime entre des personnes situées dans diverses régions; lorsqu'il y a eu échange plus actif de produits ; lorsqu'il y a eu échange plus actif de services, qui donc considérera qu'il n'y a pas eu progrès? Si notre critérium du progrès est tel dans le passé, est-ce que, aujourd'hui, nous ne devons pas y soumettre nos décisions actuelles et les actes auxquels nous prenons part?

VIII.

Je viens de démontrer que l'échange avait

pour but de procurer à l'individu le plus grand nombre d'utilités possibles avec le moindre effort. Au contraire, nous voyons à tout instant que, lorsque le gouvernement a voulu intervenir dans l'échange, sa politique a eu pour résultat de le rendre plus difficile et de l'alourdir. Nous voyons, par les monopoles qu'ils créent, par le pacte colonial, par le système mercantile, les pouvoirs publics se mettre en travers de l'activité commerciale, et quel est le résultat? C'est d'*augmenter l'effort que le commerce a pour but de diminuer*. Par conséquent, nous pouvons dire que, lorsque, soit sous prétexte de protectionnisme, soit sous prétexte de socialisme, on fait intervenir le gouvernement et l'administration dans le contrat d'échange, on rend l'effort plus pénible; et on est en contradiction avec l'évolution générale de l'humanité. On fait acte de régression.

CHAPITRE III.

TROIS ENTITÉS.

LA PROPRIÉTÉ, LE CAPITAL, LE TRAVAIL.

I. Tout échange implique propriété. — La notion de propriété dans les civilisations primitives. — *L'humanité est allée du communisme à la propriété personnelle.* — II. La première propriété est celle de l'aliment. — Puis vient celle des objets mobiliers. — Propriété de territoires de parcours et de chasse. — Les peuplades de l'Amérique du Nord. — La culture embryonnaire. — Les peuples pasteurs. — L'Arabe et le Khammès. — *L'agriculteur tend à s'émanciper de la propriété collective et à constituer la propriété individuelle.* — III. La propriété de l'eau. — L'Egypte aménagée par le souverain. — Cependant le régime n'est pas communiste. — Civilisation communiste du Pérou. — Allotements individuels. — IV. Démembrement de la propriété commune. — Israël. — Sparte. — Les Arabes. — V. La consolidation de la propriété. — Le matriarchat. — Droit d'aînesse. — La communauté de famille dans l'Inde. — Mir russe. — Les individus s'en émancipent. VI. Propriété individuelle en Grèce et à Rome. — Le respect du Terme. — La Révolution de Solon. — Rome. — Les lois agraires. — VII. La Féodalité : confusion de la souveraineté et de la propriété. — Les trois importations barbares. — La terre ni achetable ni vendable. — L'homme est lié au sol. — Civilisation d'immobilisation. — La division de la propriété. — VIII. La Révolution et la propriété. — Libération de la propriété des servitudes féodales. — Respect de la propriété. — Caractère de la confiscation des biens du clergé, de la couronne et des émigrés. — Partage des biens communaux. — Expérience décisive. — IX. Évolution de la propriété : du communisme à la propriété individuelle. — X. Propriété immobilière et mobilière. — La garantie des propriétaires. — Le titre du propriétaire. — Un morceau de papier. — Progrès : *séparation de l'homme et de la chose.* — La propriété mobilière. — Les compagnies à responsabilité limitée. — XI. Le capital. — La terre est un capital. — Le rôle du capital. — *Le progrès économique consiste à utiliser les efforts réalisés pour diminuer les efforts futurs.* — Le capital d'une voie de chemin de fer. — L'amortissement. — *Le capital est une avance.* — XII. Le travail. — Le travail servile. *L'homme n'a cessé de s'efforcer de jouir de la propriété personnelle de ses forces de manière à pouvoir en échanger les produits.* — Les corporations. — La Révolution a proclamé la liberté du travail. — Le contrat de travail est assimilé aux autres contrats. — XIII. Le travail et le capital. — Le travail n'est pas une marchandise. — *Ce sont les résultats du travail qui donnent lieu à des échanges.* — Le manœuvre et la machine à vapeur. — *Ce n'est pas le capital qui rémunère le travail.* — *Le capital ne fait que l'avance du salaire.* — *C'est le consommateur qui paye le salaire.* — C'est cet être mystérieux qui règle les prix et les salaires. — XIV. Conclusion.

I.

Dans ce chapitre, nous allons nous occuper de trois entités : la propriété, le capital et le travail.

J'ai défini la propriété comme étant la faculté exclusive, pour un individu, ou pour un groupe d'individus, de disposer d'utilités spécifiques. Je resterai en dehors de toutes les conceptions plus ou moins métaphysiques que l'on a élaborées sur la propriété.

Il est évident que tout échange implique propriété. Si je te donne quelque chose en échange d'un objet que tu possèdes ou d'un service que tu me rends, par cela même je reconnais que tu es propriétaire des choses que tu me donnes ou des services que tu me rends.

Tout acte humain, pourrais-je dire, est une reconnaissance de la propriété, car si j'agis par violence à ton égard, pour m'emparer d'un objet que tu possèdes ou pour te forcer à me rendre un service, je reconnais, par cela même, que tu en es propriétaire.

Autrefois, on avait une tendance à considérer que la propriété individuelle avait existé dès l'origine des sociétés, et, dans les traités pour la défense de la propriété que l'on faisait, il y a un demi-siècle, on montrait le sauvage échangeant, contre un arc ou un canot, son gibier ou son poisson. Cette notion n'est pas exacte. L'humanité a commencé par le communisme. Les observations des voyageurs ont constaté que les êtres les plus inférieurs que nous connaissions dans la race humaine, les Fuégiens, les Veddahs, les Boschimans, n'avaient qu'une notion extrêmement vague de la propriété. Les Fuégiens n'ont même pas de nom; ils n'ont même pas la propriété d'un terme qui puisse caractériser chacun d'eux. Si ces primitifs volent facilement, ils ne tiennent pas davantage aux objets qu'ils possèdent. Ainsi Darwin, qui était un observateur des plus perspicaces, raconte qu'il a vu des Fuégiens recevoir un morceau d'étoffe, et le partager avec leurs compagnons, sans avoir la moindre idée d'en retenir un lambeau.

II.

Du reste, actuellement les socialistes eux-mêmes

reconnaissent que l'humanité est allée du communisme vers la propriété personnelle. M. Lafargue, dans une étude dont j'ai publié la réfutation, déclare que l'homme primitif n'a pas l'idée de propriété personnelle, parce qu'il n'a pas conscience de son individualité. Je suis complètement d'accord avec lui sur ce point. M. Letourneau, dans son volume sur l'*Évolution de la propriété*, reconnaît que les civilisations sont toujours allées du collectivisme à l'individualisme. Entre la propriété personnelle d'objets mobiliers et la propriété foncière, il y a une très grande étape à parcourir. La première propriété, c'est celle de l'aliment que l'être humain absorbe; puis c'est un instrument, un ornement que l'individu peut saisir et porter. Il peut prendre cet objet, il peut le garder sur lui, il peut le serrer. Il ne peut pas prolonger son individualité au delà de ce contact immédiat. Ensuite, en dehors de cette propriété personnelle, chez les hordes anarchiques comme les Fuégiens, comme les Australiens, nous trouvons une certaine notion du territoire de parcours ou du territoire de chasse. Nous savons que, sur les 7,838,000 kilomètres carrés que représente la surface des États-Unis, il y avait 6 ou 700,000 Iroquois, Cherokees, Creeks, Chactas, Fox, Chippeways, Apaches, qui se disputaient avec violence, par des guerres continuelles, les territoires de chasse où cependant ils n'étaient pas resserrés. Et ici nous trouvons une nouvelle forme de la propriété. Ces peuples chasseurs ne pouvaient pas délimiter naturellement leur territoire de chasse ; tout en chassant, ils considéraient qu'ils devaient varier leur alimentation ; et alors ils firent cultiver par leurs femmes un certain nombre de produits, du manioc, du sorgho, du maïs, des bananes. Nous retrouvons chez la plupart des peuples chasseurs cette agriculture embryonnaire dont le soin est dévolu à la femme, considérée comme un être inférieur.

De même chez les peuples pasteurs, sur lesquels on a fait beaucoup de légendes. On s'est habitué à considérer les chefs de tribus, d'après les traditions bibliques, comme des hommes ayant toutes les vertus, et cependant, même d'après la Bible, l'histoire d'Esaü et de Jacob, l'histoire de Joseph, vendu par ses frères, prouvent que leurs mœurs laissaient quelque chose à désirer.

Nous connaissons d'autres peuples pasteurs : ce sont les Bédouins. S'ils sont pasteurs, ils sont pillards ; ils vivent de razzias ; ils se font une guerre continuelle. Les Turkmènes disent : « Ton âme est dans ton épée. » Ce sont des peuples pasteurs et, en même temps, des peuples guerriers. Ils délimitent des terrains de parcours pour leurs troupeaux ; ils ont des terrains de cantonnement auxquels ils reviennent avec une certaine régularité, mais c'est une appropriation collective.

Les Arabes cavaliers, dans leurs cantonnements, ont assujetti des Khammès : le Khammès, c'est le cultivateur, et ce cultivateur, en échange de la sécurité qui lui garantit l'Arabe cavalier, cultive et donne une partie de sa récolte.

Nous retrouvons partout ce commencement de culture qui existe à côté des peuples pasteurs; ils considèrent la population agricole comme une population inférieure. Mais cette population sédentaire et dédaignée a une tendance à absorber l'autre ; et l'Arabe reconnaît avec mépris que « l'homme de la tente fait place peu à peu au vil peuple de l'argile. »

D'après Diodore, chez les Nabathéens, il était défendu de planter, sous peine de mort. Ils voulaient, par cela même, se préserver de cette tendance à se fixer. En même temps, le cultivateur est un ennemi du troupeau ; il enclôt ses terrains ; il se défend ; il limite le territoire de parcours ; il se protège contre l'envahissement du bétail, et nous voyons, d'une manière constante, que tout l'effort du cultivateur est de s'émanciper de la propriété collective et de consolider la propriété individuelle.

III.

En dehors des objets mobiliers, on a une tendance à ne considérer comme propriété que la propriété du sol, mais il y a bien d'autres genres de propriété. Ainsi, en Afrique, en Asie, la propriété qui domine toutes les autres, c'est celle de l'eau. Tout l'Islam est fondé sur l'histoire du puits de Zam-Zam. Allez à Biskra; vous voyez des Arabes, assis passivement autour d'un petit déversoir d'eau; ils vous disent : « Ce n'est pas le sol ici qu'on achète, c'est l'eau. » Ces Arabes, qui ont l'air de ne rien faire, font, en réalité, la seule chose qui leur soit utile : ils surveillent l'aménagement de leurs eaux; ils veillent à ce que le voisin ne prenne pas plus d'eau qu'il n'a droit d'en prendre. Vous savez que la culture du palmier se résume en ces mots : « Le pied dans l'eau, la tête dans le feu. » Ils dirigent l'eau vers leurs palmiers. L'eau est une propriété difficile à saisir. L'Égypte n'existe que par l'eau. C'est une longue vallée d'une largeur maxima de 5 à 6 lieues et qui a toujours une population d'une densité considérable. Actuellement encore, l'Égypte compte 246 habitants par kilomètre carré, tandis que la Belgique n'en compte que 210 et la France que 71. Dans ce pays où s'est développée une civilisation antérieure de 20 siècles à celle des autres peuples, nous constatons que le sol est une véritable création du Gouvernement. Voyez la digue de Ménès, le lac de Méris qui avait 30 milles de tour! Le souverain a aménagé le sol de l'Égypte de manière à répartir les inondations du Nil au mieux des intérêts de l'agriculteur et à faire, de cette puissance dévastatrice, une puissance bienfaisante. Le Gouvernement, qui a véritablement créé le sol et la propriété, a-t-il constitué une société communiste? Non. Il a alloti, entre des tribus, les diverses parties de l'Égypte, administrées par de grandes familles qui pouvaient se les transmettre par héritage ou par mariage, avec approbation du souverain; et celui-ci s'est contenté de leur imposer le service militaire et de recevoir une partie des récoltes sous forme d'impôt. C'est là un point sur lequel j'appelle votre attention: dans toutes les sociétés, si communistes qu'elles soient, on trouve partout une réserve pour la propriété individuelle.

Nous connaissons la civilisation du Pérou, la civilisation des Incas qui a duré de l'an 1000 à 1527 et a été le modèle de la société communiste. Il est très probable que les Incas étaient des étrangers, des Chinois, qui ont asservi des indigènes extrêmement dociles, dont les types restent encore, aussi passifs que lorsqu'ils construisaient le temple de Cuzco. Ils avaient établi le travail attrayant, exactement d'après la formule de Fourier. Seulement, si l'individu ne travaillait pas, le premier jour, il était fouetté et, s'il persévérait, il était pendu. Mais, le travail était organisé de manière que l'individu fût ménagé autant que possible, à la condition qu'il fît tout ce que lui ordonnaient ses conducteurs. Quoique la plus grande partie des récoltes fussent dues au Soleil, c'est-à-dire aux Incas, cependant il restait, comme ressort à l'activité privée, des allotements pour chaque individu, de manière que, par son travail personnel, il pût compléter le travail général qu'il faisait pour le compte de l'État.

IV.

Nous assistons partout (et c'est là le caractère général de l'évolution) au démembrement de la propriété commune.

Ainsi, dans la Bible, où la terre appartient à Jéhovah, on ne pense pas le moins du monde, un seul moment, à faire administrer la terre en commun, à la faire cultiver en commun. Au contraire, il y a allotement, il y a partage. La terre est remise à des individus qui la cultiveront au mieux de leurs intérêts. La propriété est délimitée. « Maudit soit, dit le Deutéronome, celui qui change les bornes de l'héritage de son voisin. »

On parle du communisme de Sparte, mais, autant que nous pouvons savoir exactement ce que fit Lycurgue, la terre fut allotie en neuf mille parts égales qu'il distribua aux Spartiates et en trente mille qu'il distribua aux Périèques. Si ces partages eurent lieu, ils n'établirent pas l'égalité, et, à la fin de la guerre du Péloponèse, l'allotement avait abouti à la misère de la plus grande partie des Spartiates et à la concentration de la fortune entre les mains de mille Spartiates du temps d'Aristote.

Les Arabes n'ont pas, un seul instant, l'intention de rendre commune la terre qu'ils conquièrent. Ils trouvent un grand intérêt à prélever, sous forme de tribut, une part plus ou moins grande des produits de la culture individuelle des vaincus.

V.

Parmi les diverses modes qui ont consolidé la propriété, se présente le matriarchat. Lorsque la terre est remise à la femme, lorsque la polyandrie est organisée, c'est tout simplement dans l'intérêt de la terre, afin que la terre reste bien nettement dans une famille déterminée.

Le droit d'aînesse n'a jamais été établi non plus au profit de l'aîné: le droit d'aînesse a été établi au profit de la propriété, afin de consolider la propriété dans une même famille.

Dans l'Inde, nous trouvons la communauté de village (*Communities of villages*). Depuis l'ouvrage de Sumner Maine, on en a beaucoup parlé et certains publicistes, toujours à la recherche de leur idéal dans le passé, ont paru considérer que la communauté de village de l'Inde devait être un modèle. Mais, si on lit les ouvrages de Sumner Maine, on constate quoi?..... que cette communauté de village est le résultat du peu de personnalité qu'ont les Indous. Ils sont là, groupés autour de leurs propriétés, et il n'y a même pas de chef qui détermine la culture. Ils obéissent à la coutume; personne ne prévoit rien de nouveau. Là encore, cependant, il y a une petite ouverture pour l'activité personnelle, une partie d'allotement dans chacune de ces communautés de village. Et enfin Sumner Maine expose qu'à la suite du contact des Indous avec les Anglais, au fur et à mesure que les transactions deviennent plus actives, que les chemins de fer sillonnent l'Inde, l'Indou, prenant conscience de sa personnalité, secoue, comme une tyrannie, la communauté de village indivisible et demande le partage.

De même dans le mir russe. Tous les auteurs constatent que les individus cherchent à s'en émanciper et à le remplacer par la propriété individuelle.

VI.

Dans la Grèce et à Rome, nous ne voyons pas de communauté ancienne. M. Fustel de Coulanges a très bien établi que la maison était le foyer, nanti du dieu de la famille, prenant la possession immuable du sol. Chaque famille avait son Dieu qu'elle isolait par une enceinte, réputée sacrée, comprenant la maison, le champ cultivé, renfermant les troupeaux. Tous les documents, quelle qu'en soit l'origine, affirment le respect dû à la borne. La vieille loi romaine disait : « que l'homme et les bœufs qui auront touché le Terme soient dévoués ».

On a l'habitude de présenter la révolution de Solon comme une révolution faite en faveur des débiteurs contre les créanciers ; mais il n'y avait pas de débiteurs, par une excellente raison, que, pour être débiteur, il faut avoir du crédit et qu'il était impossible à un thète d'en avoir, puisqu'il n'avait rien à lui et que sa terre appartenait aux Eupatrides. Le thète ne pouvait pas plus acquérir la terre qu'il cultivait que le serf du moyen âge. Le dieu Terme défendait la propriété contre toute transmission. La révolution de Solon fut l'abolition du servage et la mobilisation de la propriété ; on pourrait l'appeler le 89 de l'Attique.

Quand nous observons la propriété à Rome, nous voyons qu'elle appartient au chef de famille. Les lois agraires n'ont jamais eu pour but de mettre en commun la propriété ; elles ont eu pour but le retrait des terres domaniales usurpées, la répartition entre des individus des propriétés acquises par la conquête.

Si le communisme a existé à Rome, ce n'était point pour la production, mais c'était pour la distribution des richesses. Sur 450,000 citoyens, à l'époque de César, 320,000 ne vivaient que des largesses des hommes au pouvoir, consuls ou généraux.

VII.

Quel est le caractère de la féodalité? C'est la confusion de la propriété et de la souveraineté. Elle se distingue du monde romain par trois importations barbares : la justice privée, alors que, au contraire, le droit romain avait établi la justice commune ; la guerre privée et l'impôt, qui n'est pas établi pour un service public, mais pour des usages privés.

Certains socialistes admirent beaucoup le régime féodal, parce que la terre n'y était ni achetable ni vendable. Pour notre part, nous considérons que c'est là une preuve que le régime féodal a été un régime de régression et de stagnation.

Dans le régime féodal, il y avait un seigneur qui pouvait rendre des services de protection à ses serfs, mais, à coup sûr, il les faisait chèrement payer : le serf était lié à la glèbe, de même que le seigneur, du reste, était lié à son château. Vous connaissez la phrase : « Nulle terre sans seigneur, nul seigneur sans château. » Il y avait une inféodation de chaque individu au sol. Chacun y était retenu comme une espèce de végétal. C'est une civilisation d'immobilisation. L'effort du paysan est de s'en affranchir pour devenir lui-même propriétaire du sol. Lorsque nous arrivons à 1789, qu'est-ce que nous voyons, à la veille de la Révolution?... L'ardente passion du paysan pour le sol. Il s'est peu à peu affranchi du servage personnel, mais il y avait encore 1,500,000 mainmortables à la fin du XVIIIe siècle, et Arthur Young, fermier anglais qui voyageait en France, pour se rendre compte de l'état de la culture, qui était en dehors de toutes les questions politiques, montre que le paysan français aspirait si vivement à la division du sol, à la propriété personnelle, qu'il reproche au Bas-Breton de s'appauvrir par suite de la division des fermes entre les enfants; de même en Lorraine, en Champagne. La phrase suivante s'applique à l'ensemble de la France: « J'ai vu plus d'une fois le partage en arriver à ce point qu'un arbre fruitier avec 10 perches de terrain constituait une ferme dont la possession enchaînait au sol une famille. »

Partout il se plaint de la division de la terre.

VIII.

Ce n'est donc pas la Révolution, comme on le répète souvent, qui a divisé la terre; seulement voici l'œuvre, et l'œuvre considérable, accomplie par l'Assemblée nationale: elle a libéré la terre en déclarant rachetables les droits fonciers, les rentes perpétuelles qui la grevaient. Elle ne faisait, du reste, qu'étendre aux biens ruraux ce que les ordonnances de Charles VII, de François Ier, et de Henri II avaient accompli d'abord pour les maisons situées à Paris et ensuite pour celles de toutes les villes du royaume. Elle abolit les divers droits de retrait féodal et censuel, de bourgeoisie et d'habitation, de société ou communion, en vertu desquels les seigneurs anéantissaient, par leur pouvoir absolu, les ventes d'héritages nobles et roturiers faites par les vassaux et censitaires de leurs domaines; les habitants de certaines communes, les propriétaires indivis d'une terre, se faisaient subroger dans l'achat fait par un étranger. Elle abolit même le retrait lignager qui s'exerçait pour conserver les biens dans la famille du vendeur.

Dans l'article 1er du code rural du 28 septembre 1791, l'Assemblée nationale résume ainsi l'idéal qu'elle avait poursuivi : « Le territoire de la France, dans toute son étendue, est libre, comme les personnes qui l'habitent. Ainsi toute propriété territoriale ne peut être sujette envers les particuliers qu'aux redevances et aux charges dont la convention n'est pas défendue par la loi, et envers la nation, qu'aux contributions publiques établies par le Corps législatif et au sacrifice que peut exiger le bien général, sous la condition d'une juste et préalable indemnité. Les propriétaires sont libres de varier à leur gré la culture et l'exploitation de leurs terres, de conserver à leur gré leurs récoltes, et de disposer de toutes les productions de leurs propriétés, dans l'intérieur du royaume et au dehors, sans préjudice du droit d'autrui et en se conformant aux lois ».

Voilà le grand caractère de l'œuvre de la Révolution de 1789 : elle a affranchi la terre ; elle a libéré la propriété des droits féodaux ; elle l'a libérée des servitudes de culture.

L'Assemblée législative abolit, par le décret du 25 août 1791, sans indemnité, tous les droits que l'Assemblée nationale avait soumis au rachat ; elle déclare non avenus tous les effets qui peuvent avoir été produits par la maxime : « Nulle terre sans seigneur ». Elle déclare toute propriété foncière franche et libre de tous droits. Toutefois (et je signale cela au point de vue du respect de la Révolution pour la propriété), toutefois elle fait une exception en ce qui concerne les droits qui auraient eu pour base une concession primitive de fonds. Cette distinction ne disparut que dans le décret du 17 juillet 1793, décret qui appartient à la période furieuse de la Révolution, qui ordonnait de brûler, le 10 août, en présence du Conseil général de la Commune et de tous les citoyens, tous les titres reconstitutifs ou récognitifs des droits supprimés.

Dernièrement, j'étais fort étonné en entendant quelqu'un dire : « Vous prétendez que la Révolution a établi, a constitué définitivement la propriété individuelle, et cependant la Révolution a pris les biens du clergé, les biens de la couronne. Par conséquent, elle n'a pas respecté la propriété. »

Il y a là une erreur. En effet, pour liquider la banqueroute que la Monarchie avait faite à la France et pour soutenir le crédit public, payer les créanciers, l'Assemblée nationale s'empara de quels biens ?... de domaines politiques, des domaines de la couronne et des biens du clergé. On ne peut assimiler ni les uns ni les autres à une propriété privée. Elle fit, au contraire, servir cette masse, évaluée à 2, 450 millions de francs, à constituer des propriétés privées. Elle n'eut pas le moins du monde l'idée d'en faire des biens communs. Elle divisa et mobilisa cette masse.

Quand l'Assemblée législative séquestra, par le décret du 9 février 1792, les biens des émigrés, si les émigrés ne rentraient pas dans un délai déterminé, elle ne leur appliqua pas les principes du droit économique tels qu'ils résultent de l'occupation ou de l'achat, elle leur appliqua les principes mêmes du droit féodal : ils étaient réputés avoir reçu cette terre comme bénéfice militaire, à charge de l'occuper et de la défendre. En allant porter à l'étranger le secours de leurs armes, ils l'abandonnaient. « Le fisc des anciens rois avait donné, le fisc de l'assemblée nationale reprit », selon l'expression de M. Laferrière dans son *Histoire du droit français,* et elle est exacte. Mais jamais la Convention n'essaya de faire un tout des biens nationaux et de le mettre à la disposition d'une foule collectiviste. Au contraire, elle les divisa jusqu'à l'éparpillement. Le décret du 14 août 1792 en ordonna la vente par petits lots de 2, 3 et 4 arpents. Par les décrets des 18 et 22 mars 1793, la Convention décréta la peine de mort contre quiconque provoquerait une loi agraire ou toute autre subversive des propriétés territoriales, commerciales et industrielles.

De plus, la Révolution partagea les biens communaux entre les habitants des communes, ce qui était une erreur; car, tel propriétaire, dans une commune, vivant à Paris, n'avait pas droit au partage des biens communaux de sa commune, tandis que tel domestique, qui habitait la commune, avait droit d'y participer. La loi de 1837 est revenue sur cette erreur de la Convention ; maintenant, quand une commune aliène des biens communaux, les fonds qui en résultent tombent dans ses ressources générales.

Il reste encore en France 4 millions et demi d'hectares de biens communaux. Vous pouvez les voir, et ils vous prouveront que le proverbe allemand : « Biens collectifs, biens maudits », est toujours exact. Ces biens communaux, le plus souvent, se composent de landes, de vaines pâtures. Ils entretiennent de mauvaises habitudes de culture; ils profitent surtout aux habitants de la commune qui ont beaucoup de bétail, et non aux pauvres, comme on le prétend. Ils donnent des habitudes de vagabondage aux pastours des deux sexes qui viennent surveiller les troupeaux en commun. En réalité, la seule expérience des biens communaux que nous avons en

France devrait prouver combien il est impossible d'administrer, d'une manière productive, des biens appartenant à une collectivité politique ou administrative.

IX.

Si nous résumons en un mot cette évolution générale de la propriété que je viens de tracer en quelques pages, nous voyons à l'étiage de la civilisation, un communisme complet ; une telle absence de personnalité que l'individu n'a pas le sentiment de la propriété ; des hordes anarchiques commencent à déterminer d'une manière plus ou moins vague un territoire de chasse ; des tribus pastorales déterminent des terres de parcours ; puis l'agriculteur se fixe, tâche de défendre son sol cultivé contre les envahissements des troupeaux ; ensuite, peu à peu, nous voyons l'individu toujours essayer de s'affranchir de la collectivité de la possession et incorporer son individualité dans le sol : il devient propriétaire individuel ; et enfin nous arrivons à la Révolution de 1789 qui affranchit la terre des servitudes féodales ; qui permet à chacun de s'enclore ; qui supprime les règlements qui s'appliquaient à telle ou telle culture, interdisant de planter trop de vignes, par exemple ; nous voyons, en un mot, la terre, la propriété s'individualiser et se libérer.

X.

On conserve encore dans notre Code civil la distinction entre la propriété immobilière et la propriété mobilière. C'est là une tradition de la propriété foncière. Mais ces survivances tendent elles-mêmes à disparaître. Nous pouvons dire que la propriété est une, que son objet seul varie ; et nous arrivons à concevoir la propriété immobilière constituée d'une tout autre manière encore qu'elle ne l'est par notre Code. Bien plus l'acte Torrens appliqué en Australie, que j'ai fait appliquer en partie en Tunisie, que j'ai fait connaître à la France, a donné à la propriété foncière le caractère de la propriété mobilière. La commission du cadastre, nommée en 1890 par le ministre des finances, alors M. Rouvier, a élaboré, sous la présidence de M. Léon Say, un projet très complet auquel on met la dernière main en ce moment.

A quoi arrive-t-on ? Autrefois l'individu, le sauvage, dont je parlais tout à l'heure, n'avait une conception de la propriété que lorsqu'il tenait dans la main l'objet même de la propriété. Puis, peu à peu, il agrandit sa personnalité et il n'a plus besoin de la préhension de l'objet pour concevoir qu'il lui appartient. Enfin l'intervention du groupe collectif apparaît, à un moment donné : c'est pour défendre la propriété de l'individu, de sorte que, si l'individu sort de sa maison, s'il abandonne sa cabane, s'il abandonne son champ, pour un temps plus ou moins long, lorsqu'il rentrera, il ne trouvera pas un autre individu qui se sera introduit dans sa cabane et s'y sera installé à sa place. L'acte de possession se constate avec des formalités diverses ; peu à peu il se constate par des bornes, il se constate par le dieu Terme, et enfin il arrive à se constater par un morceau de papier. C'est le titre de propriété. Actuellement, pour projeter notre personnalité de propriétaire, nous n'avons pas besoin de voir la propriété. Un individu vivant à Paris ou à Londres peut être propriétaire en Australie ou en Amérique, d'une manière aussi valable que s'il foulait de ses pieds sa propriété.

Qu'est-ce que le régime de l'acte Torrens? C'est la mobilisation de la propriété foncière. A toutes les formalités qui subsistent actuellement en France à l'égard de la propriété immobilière, il substitue un titre nominatif encore, qui deviendra, demain, un titre au porteur; ce titre nominatif vous le transmettez par voie d'endossement et d'enregistrement comme vous transmettez un titre nominatif de rente. Nous voyons là le progrès de la séparation de l'homme et de la chose, de l'individu et de la propriété, tandis que dans la féodalité;

l'homme était lié à sa propriété, l'homme était lié à la chose. Ici nous constatons de nouveau que l'individu se sépare de plus en plus de la chose et que sa personne est de plus en plus indépendante de ses intérêts. Et ainsi nous arrivons à la suppression de cette distinction entre la propriété immobilière et la propriété mobilière. Mais qu'est-ce que la propriété mobilière telle qu'on l'a définie? La propriété mobilière comprend deux catégories : 1° des créances, titres de rente sur l'État, obligations sur les villes, les départements ou les compagnies de chemins de fer ; 2° des fractions de titres de propriété ou d'entreprises quelconques.

Je rappelais, dans le dernier chapitre, au point de vue de l'évolution de l'échange, l'histoire de ces grandes compagnies de marchands qui se fondèrent dans les villes italiennes, qui formèrent la ligue hanséatique, et qui contribuèrent au développement de l'industrie et du commerce, du droit maritime et du droit commercial dans le monde. Ce sont ces compagnies qui ont inventé les titres mobiliers. La première société anonyme a été la *Russian Company*, constituée en 1455. Et qu'est-ce que la société anonyme? C'est la séparation complète de l'individu de ses intérêts, de sa propriété ; c'est la séparation de l'homme et de la chose. L'individu n'engage qu'une part d'intérêt qu'il limite : compagnie à responsabilité limitée. C'est là un progrès considérable. L'individu se réserve, il réserve sa personnalité; il ne met qu'une quote-part d'intérêt dans telle ou telle entreprise.

XI.

On appelle souvent cette nouvelle forme de la propriété, le capital. C'est là une erreur. D'anciens économistes séparaient la terre du capital. Ils mettaient la terre à part, le capital en dehors. Or, la terre est un capital exactement comme tout autre objet. Le mot capital s'applique à la fonction des utilités possédées. Le Fuégien, qui a un poisson cru et qui s'apprête à le manger, a un capital représenté par ce poisson. Il a un capital, car il peut le changer contre autre chose. S'il le mange, ce poisson lui permettra, pendant un ou deux jours, de vivre, d'en chercher d'autres, de faire tel ou tel acte qui lui conviendra. Et qu'est-ce que le capital? Mais c'est une avance qui permet à l'individu d'agir ensuite pendant un temps plus ou moins long. Il emmagasine de la nourriture pour quelques jours; cette épargne de nourriture lui permet de faire tel ou tel travail. Prenons un outil quelconque, une trique qui servira de levier. Nous voyons toujours que c'est une avance qui est faite à l'individu et qui lui permet de faire d'autres travaux, de se livrer à d'autres occupations. On peut dire que le *progrès économique consiste à utiliser les efforts réalisés pour diminuer les efforts futurs*. Vous vous donnez beaucoup de mal aujourd'hui pour labourer un champ ; au lieu de manger tout le blé que vous avez, vous en mettez une partie en semence, puis vous attendez, et vous attendez quoi ? Avec ce blé, avec ce travail une fois fait, vous aurez une provision qui vous permettra de vivre abondamment plus tard. Qu'il s'agisse de cette forme primitive du capital ou qu'il s'agisse du plus grand développement du capital actuel, c'est toujours la même combinaison. Vous trouvez toujours une avance d'effort, une avance d'épargne qui est faite en vue d'un résultat qui diminuera votre effort dans la suite.

Prenons, par exemple, à côté de ce Fuégien qui représente, avec son poisson cru, le minimum de capital, prenons un chemin de fer. Il s'agit d'ouvrir des tunnels, il s'agit de jeter des ponts sur des rivières, il s'agit de faire des tranchées, de faire des remblais, de placer des rails sur des traverses. Tous ces travaux considérables exigeront 2, 3, 4, 500,000 francs par kilomètre. Que représentent ces 2, 3, 4, 500,000 francs par kilomètre ? Ce sont des salaires qui ont permis à des individus de vivre pendant qu'ils se livraient à ce travail ; ce sont des achats de matières premières et ces achats de matières premières représentent en partie d'autres salaires qui ont été donnés à d'autres personnes ; enfin ce sont des avances d'études.

Le chemin de fer est fait, un premier train passe sur la voie ; il est évident que ce n'est pas avec ce premier train qu'on pourra rembourser ni rémunérer toutes ces avances. Il faudra que, pendant des années et des années, il passe des milliers de trains pour les rembourser. Ce capital, au moment où il a été englouti dans cette voie, a perdu son pouvoir d'achat,— et j'indique en passant que c'est là l'explication des crises commerciales ; — il a perdu son pouvoir d'achat ; il le reconstitue peu à peu, et c'est ce phénomène qu'on appelle l'amortissement.

On retrouve donc partout ce rôle du capital : c'est une avance. Aujourd'hui, vous construisez une usine, l'usine se compose de murs, de toitures, d'outillages. Pour alimenter votre usine, vous achetez des matières premières, vous achetez et vous payez du travail. C'est toujours une avance que vous faites, et alors nous arrivons à cette entité qu'on appelle le travail.

XII.

Qu'est-ce que le travail ? Nous avons une première forme du travail qui est le travail servile, le travail de l'esclave. Là, l'individu obéit, il est forcé de travailler. S'il ne travaille pas, il reçoit des coups. Il n'y a pas d'échange entre celui qui le fait travailler et lui. Même dans le servage, nous trouvons l'individu, forcé de travailler, taillable et corvéable à merci ; et sa seule ambition c'est de devenir serf abonné, de manière à limiter ses obligations et à acquérir une certaine indépendance. Nous voyons l'individu multiplier ses efforts, pour jouir de la propriété personnelle de ses forces, de manière qu'il puisse en échanger les produits, sous forme de services ou de marchandises, avec ceux qui en ont besoin.

Et quelle a été encore la grande œuvre de la Révolution de 1789 ? Elle a brisé l'ancien moule des corporations. Nous savons que chacune des corporations détenait une partie de l'industrie. Elles se composaient des jurés, qui les gouvernaient, des maîtres et des ouvriers qui portaient le nom de valets, ce qui caractérise suffisamment leur situation. Les maîtres avaient tout pouvoir ; les valets devaient tout leur temps, et étaient astreints à l'obéissance passive ; il leur était impossible d'échapper à la tyrannie des maîtres ; ils ne pouvaient devenir maîtres à leur tour qu'avec la plus grande difficulté. Le travail, pour eux, n'était pas un contrat : c'était une obligation unilatérale. La Révolution française, en supprimant les corporations, a établi le contrat de travail comme tous les autres contrats. L'article 1780 du Code civil détermine les conditions du contrat ; il protège l'individu, même contre l'abus qu'il pourrait faire du contrat, en déclarant qu'il ne peut engager ses services qu'à temps et pour une entreprise déterminée.

XIII.

En échange du travail que fournit l'individu, le capital, pour me servir d'un mot qu'on emploie habituellement, donne un salaire. On a reproché aux économistes d'avoir dit que le travail était une marchandise. Ce n'est pas exact. Les économistes ne disent pas que le travail est une marchandise : ce sont les produits du travail, ce sont les résultats du travail qui donnent lieu à des échanges. Au lieu de tel manœuvre, une machine à vapeur fera exactement le même service et dans de meilleures conditions : ce que paye l'industriel, c'est le produit de ce manœuvre ou c'est le produit de la machine à vapeur. Peu importe pour l'industriel. Ce n'est pas le moins du monde le travail qui est payé, c'est le service rendu ou le produit effectué par le travail.

Nous entendons couramment dire de certains industriels : « Ils sont bien assez riches, cependant. Ils pourraient bien augmenter les salaires. Pourquoi ne paient-ils pas davantage ? » Ceux qui tiennent ce langage se figurent que c'est le capital qui paie le salaire. C'est là une erreur. *Le capital ne fait que l'avance du salaire.*

Mais un industriel ne fait pas de l'industrie pour de l'industrie. Un industriel produit des choses dont il n'a pas besoin et dont les autres ont besoin. Par conséquent, ceux qui paient en réalité le salaire, ce sont les personnes pour qui ces produits sont fabriqués. *C'est le consommateur qui paie le salaire,* en dernier ressort. Il n'y a pas d'industriel, si riche qu'il soit, qui, forcé de vivre sur son capital, n'arrive, tôt ou tard, à fermer son usine ou à faire faillite. Un industriel ne produit que pour vendre et, par conséquent, le taux du salaire ne dépend pas le moins du monde des capitaux que peut avoir cet industriel : il dépend de la rémunération que peut donner le public aux produits qu'il lui livre.

J'insiste sur ce point, parce que, lorsqu'on présente, d'un côté le capital, d'un autre côté le travail, et qu'on oublie ce troisième facteur qui est le consommateur auquel le produit du travail est destiné, on commet la plus grande erreur économique, d'où proviennent les malentendus que l'on entend émettre tous les jours.

En un mot, le capital, dans l'industrie, n'a qu'un rôle : il fait l'avance de l'outillage ; il fait l'avance des matières premières ; il fait l'avance des salaires ; mais celui qui paye, c'est le consommateur à qui les produits sont destinés et qui les achète.

Ce consommateur ne dit rien ; on ne le voit pas ; c'est un être mystérieux qui se tient dans l'ombre ; quand on parle de grève, on l'oublie toujours... Cependant, c'est ce consommateur qui a toujours le dernier mot, car des ouvriers peuvent obtenir des augmentations de salaire à la suite d'une grève ; et alors, même dans les documents de l'*Office du travail*, on dit qu'elle « a réussi »; mais, si ces augmentations de salaire ont pour résultat le rehaussement du prix du produit au delà du prix que veulent l'acheter les consommateurs, ils sont condamnés au chômage et l'usine est destinée à être fermée. Des syndicats, l'Etat peuvent établir des règlements d'atelier; ils peuvent intervenir pour déterminer et limiter le travail ; ils peuvent établir des minima de salaire et des maxima de temps; mais, s'ils rehaussent le prix du produit, le consommateur fait grève. Lui ne constitue pas de coalitions, il ne fait pas d'appels bruyants, il ne menace pas, mais son action n'en est que plus effective. Il s'abstient, et il lui suffit de s'abstenir pour agir avec une efficacité implacable.

XIV.

Nous pouvons donc tirer de ce rapide aperçu les conclusions suivantes : l'évolution de la propriété va du communisme à l'individualisme toujours de plus en plus conscient; dans cette évolution, la propriété est séparée de plus en plus de la personne; l'homme se sépare de la chose. Le rôle du capital, dans la production, n'est qu'un rôle d'avance. Ce n'est pas lui qui rémunère le travail; le travail est rémunéré par le consommateur.

CHAPITRE IV.

LES INSTRUMENTS D'ÉCHANGE.

LA MONNAIE, LE CRÉDIT.

I. Le terme monnaie. — Confusions qu'il provoque. — La banque d'échange de Proudhon. — *Exchange and Mart.* — Préjugés. — « Money Market ». — Économie de la monnaie. — Elle est un instrument indispensable. — II. Évolution de la monnaie. — Le troc. — Qualités indispensables à la monnaie. — La monnaie est un commun dénominateur de valeurs. — La monnaie est un véhicule de valeurs. — Définition d'Aristote. — Altérations de la monnaie. — Philippe le Bel. — Jean le Bon. — Nicole Oresme. — Théorie de la bonne monnaie. — La loi de Gresham. — La mauvaise monnaie chasse la bonne. — III. Le prix. — Caractère d'un étalon. — La monnaie ne l'a pas. — Elle n'est pas fixe. — Ce mot étalon monétaire est un terme inexact. — On appelle étalon monétaire la monnaie qui a un pouvoir libératoire absolu à l'égard de l'État et des particuliers. — *Le prix est la fixation en monnaie de la valeur de certaines utilités.* — IV. Le double étalon. — Le rapport de 15 1/2. — Valeur relative de l'or et de l'argent. — La valeur de l'argent n'a cessé de baisser. — Tableau de la production de l'or et de l'argent. — Causes de la baisse de l'argent. — *L'humanité n'a cessé de chercher une monnaie renfermant une plus grande valeur sous un plus petit poids et un plus petit volume.* — Les bimétallistes reconnaissent eux-mêmes que l'argent est une monnaie hors d'usage chez les peuples riches. — V. Un préjugé. — Baisse ou hausse des capitaux relativement à l'or et à l'argent. — Le prix du blé aurait dû augmenter. — VI. Ce n'est pas le prix de la production des métaux précieux qui fixe leur valeur. — VII. Les assignats de papier et les assignats d'argent. — Expériences des États-Unis. — Les campagnes bimétallistes. — Les illusions des bimétallistes. — Réponses de l'Angleterre. — *La loi positive ne peut pas établir un rapport fixe entre deux valeurs variables.* — *Ce n'est pas la loi qui détermine la valeur des métaux en lingots, c'est la valeur des métaux en lingots qui détermine la valeur de la monnaie.* — VIII. Autres moyens d'alléger les moyens d'échange. — La Banque. — Elle sert d'abord à garantir la bonne monnaie. — La lettre de change. — Le crédit. — Le crédit peut augmenter les capitaux existants. — Il augmente surtout le pouvoir productif des capitaux. — Le crédit gagne sur le temps. — Le taux du profit d'après Macleod. — Les opérations des grandes maisons de nouveautés. — Avantage à travailler à crédit. — Pour les maisons ayant des capitaux disponibles, le taux du profit représente l'économie de l'escompte. — *Le crédit est le capital de l'avenir.* — *Le rôle des financiers.* — *La circulation d'un pays est d'autant plus développée que l'usage de la monnaie y est plus restreint relativement au chiffre de ses affaires.* — Angleterre. — Commerce extérieur. — États-Unis. — Les virements. — Les Clearing houses. — IX. Le taux de l'intérêt. — Proudhon et la gratuité du crédit. — Les trois éléments de l'intérêt. — Causes de baisse. — Avantages de la baisse de l'intérêt.

I.

Dans les trois premiers chapitres, j'ai montré que le caractère distinctif de l'évolution humaine était le progrès de l'échange. J'ai constaté que l'échange devenait de plus en plus rapide, devenait de plus en plus facile, de plus en plus complexe, à mesure que la civilisation se développait. J'ai prouvé que l'échange était le propre de l'homme car, dans les études qui ont été faites sur les colonies animales, on a constaté toute espèce de formes sociales excepté celle de l'échange.

Je vais étudier les divers instruments de l'échange, à l'aide desquels l'homme a essayé d'économiser ses efforts pour parvenir à acquérir des utilités appartenant à d'autres personnes, par voie de persuasion et en leur donnant des équivalents.

Comme premier instrument d'échange, il y en a un que nous connaissons tous, et sur lequel on a encore beaucoup de préjugés : c'est la monnaie.

Un économiste anglais, M. Bonamy Price, professeur d'économie politique à Oxford, aurait voulu supprimer le terme : monnaie, de tous les traités d'économie politique, et il est certain que si on supprimait ce mot, je ne dis pas des traités d'économie politique seulement, mais du langage courant, il y a une foule de préjugés existants qui disparaîtraient aussitôt.

Vers 1840, par exemple, les socialistes rendaient la monnaie responsable de tous les maux : et Proudhon essayait, en 1848, de faire une banque d'échange qu'il considérait comme une panacée universelle. M. Lafargue, dans un livre qui a été publié en partie double avec moi, adresse à la monnaie toutes sortes d'imprécations.

Il y a eu un journal anglais qui s'appelait : *Exchange and Mart* (il existe peut-être encore) qui représentait la suppression de la monnaie. Il offrait un vieux cheval charmant contre un chien exquis, mais aussi désagréable que possible. C'est la forme primitive du troc, et les socialistes auront beau faire, auront beau dire, auront beau anathématiser la monnaie, le système de l'*Exchange and Mart* ne prévaudra pas.

Et cependant ces préjugés existent même dans les parlements. M. Stanley Jevons a raconté qu'en 1871, à la Chambre des Communes, un membre avait dit : « Je ne m'étonne pas que le peuple soit si pauvre, puisqu'il y a insuffisance de pièces d'un shelling et de six pence et que le seul montant des taxes et des impôts payés dans une année dépasse la somme totale de petite monnaie circulant dans le royaume ».

A tout instant, dans le langage courant, quand nous parlons de quelqu'un qui est riche, nous disons : « Il a de l'argent », et encore les bulletins financiers des journaux anglais s'appellent *Money Market* et, certainement, ce qu'on vend le moins dans les Bourses, c'est de la monnaie.

Ce sont des valeurs que représentent tout simplement ces *Money Market*. Lorsqu'on veut estimer la valeur de la fortune d'un pays, si on compare, pour la France ou pour l'Angleterre, ce que représente le numéraire relativement à la richesse générale, on trouve que ce n'est presque rien. En France on peut évaluer que la valeur de la monnaie est de 4 à 5 0/0. Mais c'est beaucoup trop. En Angleterre, où la circulation est beaucoup plus considérable, où le chiffre d'affaires est au moins double, la valeur des monnaies est moitié moindre de celle de la France. La monnaie est considérée comme un poids mort, qui coûte cher. On l'allège autant que possible, toujours en vertu de la loi de l'économie de l'effort.

La monnaie n'en est pas moins un instrument indispensable de l'échange.

II.

On a commencé par le troc : on le trouve dans les pays primitifs. A Athènes, paraît-il, le bœuf a été, à un moment donné, la valeur marchande. Mais un bœuf est un animal qui est difficilement échangeable. D'abord il y a bœuf et bœuf ; il y a des différences de qualité ; ensuite un bœuf vivant n'est pas divisible, et vous pouvez avoir besoin de tel ou tel objet qui ne vaut pas un bœuf. J'indique immédiatement, par l'exemple du bœuf, les caractères essentiels de la monnaie. Une monnaie doit avoir une valeur par elle-même ; elle doit être, en un mot, une marchandise ; elle doit être divisible ; elle doit être identique à elle-même, qualité que n'a pas le bœuf ; elle doit être enfin durable, qualité possédée par un métal et que n'a pas un animal.

Mais tout le monde n'a point de l'or à sa disposition comme monnaie, et alors on a fait usage des marchandises que l'on avait sous la main. En Sibérie, au Canada, ce sont des fourrures ; à Sumatra, au Mexique, ou encore actuellement dans l'Afrique centrale, le sel est une monnaie ; on fait des pains de sel, lesquels sont divisibles et deviennent une monnaie courante. Sur la côte de Guinée, on se sert de la coulie. Les coulies africaines sont de petits coquillages, mais ils ne se ramassent pas sur la côte occidentale de l'Afrique : ce sont des coquillages qui viennent de la côte orientale, qui, par conséquent, représentent une valeur, puisqu'il y a une difficulté pour se les procurer. Enfin nous connaissons les guinées, espèce de pagne bleu que produisent les Anglais, soit en Angleterre, soit aux Indes, que nous commençons à produire aussi, et qui sont une monnaie courante sur toute la côte occidentale de l'Afrique. C'est toujours le système : on cherche, par tous les moyens possibles, à avoir un type uniforme auquel on puisse tout rapporter. M. Stanley Jevons a défini la monnaie avec raison comme « un commun dénominateur de valeur ». Une femme va au marché aujourd'hui ; on lui propose un poulet pour 5 francs ; immédiatement, elle peut calculer ce qu'avec ces 5 francs elle pourrait se procurer ; elle calcule les variations de prix que le poulet a subies depuis hier et qu'il subira demain relativement à ce chiffre de 5 francs ; elle calcule le rapport de ces 5 francs avec ce qu'elle a à dépenser par jour ou par mois.

Stuart Mill a calculé que, si la cuisinière était obligée d'avoir recours au troc, 100 articles représentent 4,950 échanges possibles, chaque denrée devant être évaluée en termes de chaque autre denrée. Par conséquent, on voit les difficultés de calcul qui se produiraient ; tandis qu'avec ce commun dénominateur, une pièce de 5 francs, immédiatement la complexité de ces rapports disparaît, ils deviennent extrêmement simples.

Je dois dire que les anciens, les Athéniens, connaissaient très bien la monnaie : Aristote en a presque donné la définition définitive.

« On convint, dit-il, de donner et de recevoir dans les échanges une matière qui, utile par elle-même, fût aisément maniable dans les usages habituels de la vie : ce fut du fer, par exemple, de l'argent, ou telle autre substance analogue dont on détermina d'abord la dimension et le poids, et qu'enfin, pour se délivrer des embarras d'un continuel mesurage, on marqua d'une empreinte particulière, signe de sa valeur. »

Ici le mot de valeur est de trop, nous allons le voir.

En réalité, l'État, la cité, en frappant une pièce d'argent, ne fait qu'une chose : il en certifie le titre et le poids. Il ne va pas plus loin. Il ne donne pas de valeur à cette pièce d'argent, il dit tout simplement : — Du moment que je mets mon empreinte sur ce lingot, ce lingot représente tant d'argent, tant d'or, tant de cuivre, à tel titre, et, par conséquent, il est de bon aloi. *Une pièce de monnaie est un lingot dont le titre et le poids sont certifiés.*

Du moins, telle est la théorie. C'est une théorie qui, maintenant, dans les États modernes, est considérée comme inattaquable, mais, pendant tout le moyen âge, même jusqu'en 1789, il en était tout autrement. On considérait comme un moyen de se procurer des ressources de frapper de la fausse monnaie. Ainsi Philippe le Bel a été célèbre comme faux monnayeur; sous Jean le Bon, de 1351 à 1360, la livre tournois changea 60 fois de valeur. Les cours extrêmes la firent varier de 13 fr. 59 à 3 fr. 22. Il recommandait aux officiers des monnaies de « tenir secrètes » ces falsifications, et de frapper aux mêmes coins « afin que les marchands ne pussent apercevoir l'abaissement. »

Charles V mit un terme aux altérations des monnaies. La grande ordonnance de 1255 promettait désormais bonne et stable monnaie pour tout le royaume, de telle sorte que le marc d'argent (huit onces ou la moitié de la livre de Paris) ne produisît jamais plus de six livres tournois.

Nicole Oresme, évêque de Lisieux, conseiller de Charles V, dans un mémoire intitulé : *Traictié de la première invention des monnaies,* a dit à peu près tout ce qu'il y avait à dire sur la monnaie. Ainsi il déclare que l'effigie du prince ne doit servir que de garantie : « on meet au denier l'imaige et la subscription de par le prince à signifier et donner à congnoistre la certitude du poix, qualité et bonté de la matière.... »

C'est la définition que je vous ai donnée tout à l'heure de la monnaie. Le prince ou l'État certifie que telle pièce revêtue de telle ou telle empreinte a tel ou tel poids, tel ou tel titre.

« .....Ainsi donc se la vérité ne respondoit au poix, qualité et bonté, il apperroit tantost que ce seroit une faulseté très vile et déception frauduleuse.... Qui seroit doncques celluy qui en le prince, qui auroit diminué le poix ou bonté de la matière, ainsi figurée de son propre signe, aurait fiance? »

Il va même beaucoup plus loin : dans un passage très énergique il déclare que la mutation est d'autant plus périlleuse, « qu'elle n'est pas sitôt sentie ne apperceu du peuple, comme il seroit par une aultre cueillette, et toutefois nulle telle ou semblable ne peust estre plus griefve ne plus grande. »

« Il convient et est chose propre à ung prince de condamner et pugnir les faulx monnoyeurs et ceulx qui en monnaie font aulcune faulseté ou larrecins. Comment donc ne doibt pas celuy avoir grant vergoigne, se on trouve en luy la chose qu'il debvroit pugnir en ung aultre par très laide et infame mort? »

Cependant ces sages principes seront oubliés. En 1668, le marc d'argent représentait 26 livres; dans les dernières années de son règne, Louis XIV étendit cette dénomination jusqu'à 40 livres idéales.

On a appelé loi de Gresham la constatation du fait suivant : la mauvaise monnaie chasse la bonne. Cette loi de Gresham qui date du XVIIe siècle est contenue dans le *Traité des Monnaies* de Nicole Oresme. La mauvaise monnaie chasse la bonne : c'est un fait qu'on retrouve partout. Chaque fois qu'il y a une monnaie dépréciée dans un pays, immédiatement tous ceux qui font trafic de monnaie s'empressent de prendre la bonne, ceux qui en ont s'empressent de la cacher et de tâcher, au contraire, de ne faire circuler que la mauvaise.

III.

Nous allons tout de suite déterminer ce que signifie ce terme : prix. Adam Smith a dit que le prix était la valeur nominale des choses. Il n'y a ni bon marché ni cherté absolus. Tout est relatif, en matière de prix. On parle, par exemple, de l'étalon monétaire : ce terme est impropre. Tout le monde sait ce que c'est qu'un étalon de mesure, le mètre, par exemple, la 40 millionième partie du méridien terrestre. Que ce mètre mesure du bois, de la laine, de l'étoffe, quelle que soit la matière mesurée, il reste toujours un mètre. Il ne change pas et on peut dire que c'est un étalon fixe. De même, vous prenez un gramme, la qualité du gramme ne change pas relativement aux autres chose qu'il pèse. Que ce soit de l'eau ou du vin que vous versiez dans un litre, il ne change pas, il reste fixe. On peut dire que ce sont là véritablement des étalons de capacité, des étalons de poids, des étalons de mesure.

Mais il n'en est pas de même avec la monnaie. La monnaie, c'est une marchandise, c'est un lingot qui a tel poids et tel titre. On dit que la monnaie est un étalon, mais c'est un étalon qui est variable. La valeur de la monnaie change avec la chose qu'elle mesure ou qu'elle pèse, elle change avec le moment. Aujourd'hui, par exemple, voici un louis d'or qui aura une valeur de tant relativement à un quintal de blé, et demain cette valeur sera changée. Il y a une mauvaise récolte cette année, immédiatement la valeur du louis d'or diminue relativement au quintal de blé. Il y a, au contraire, une récolte abondante, et immédiatement la valeur de ce louis d'or augmente relativement au quintal de blé. Par conséquent, ce qu'on appelle l'étalon monétaire est un étalon qui se mesure lui-même avec les choses qu'il mesure. Aussi est-ce un terme impropre que celui d'étalon monétaire. En réalité, on appelle *étalon monétaire la monnaie qui est reçue indéfiniment dans les caisses publiques, qui a un pouvoir libératoire absolu, à l'égard de l'État et à l'égard des particuliers.*

Quand on parle de double étalon, cela veut dire que vous pouvez porter des pièces de 5 francs aussi bien que des louis d'or chez votre percepteur et qu'il doit les recevoir. Vous pouvez contraindre, au besoin, votre créancier à recevoir des pièces d'argent aussi bien que des pièces d'or. L'État et la Banque ne peuvent pas refuser les pièces de 5 francs pas plus qu'ils ne peuvent refuser les louis de 20 francs. Voilà ce qu'on appelle un double étalon.

On dit qu'un pays est au régime de l'étalon unique quand une seule monnaie a un pouvoir libératoire indéfini, et quand toutes les dettes doivent y être payées en or, comme, par exemple, en Angleterre, en Allemagne depuis 1873, tandis que les monnaies d'argent ou de billon ne sont considérées que comme des monnaies d'appoint. Et qu'est-ce qu'un prix? La *valeur, c'est le rapport de certaines utilités entre elles*, et le *prix est tout simplement l'évaluation de ce rapport en monnaie.* Par conséquent, le prix non seulement n'a rien de fixe relativement aux diverses valeurs qui sont comparables, mais il faut tenir compte encore, dans la fixation des prix, de la valeur relative de la monnaie qui les détermine.

IV.

En France, nous sommes sous le régime du double étalon, d'après la loi du 9 thermidor an III et la loi de Germinal an XI. Elle est ainsi conçue : « 5 grammes d'argent au titre de 9 dixièmes de fin constituent l'unité monétaire sous le nom de franc. » Et puis il a été spécifié que, dans un lingot d'or d'un kilo, on pourrait frapper 155 pièces d'or, 155 louis. A ce moment, on a pris tout simplement le cours des deux valeurs et le législateur a constaté qu'un gramme d'or pouvait acheter 15 grammes 1/2 d'argent. C'est ce qu'on appelle le rapport de 15 1/2.

Mais, *entre deux valeurs variables il n'y a pas de rapport fixe.* Les bimétallistes actuellement répètent sur tous les tons que le rapport de 15 1/2 a existé d'une manière fixe jusqu'au moment où on a fermé la Monnaie à la frappe de l'argent, en 1873 et en 1874. Cela n'est pas exact. Beaucoup de volumes, de travaux ont paru sur la variation de la valeur des métaux précieux. Je citerai, entre autres, un volume fort remarquable de M. Shaw, qu'a traduit mon ami, Raffalowich, et dans lequel on trouve tous les tableaux représentant les valeurs diverses des métaux précieux jusqu'à nos jours. On y voit entre l'or et l'argent des variations constantes; et selon leur plus ou moins d'abondance, selon l'offre, selon la demande, ils ont varié entre eux. Je dois ajouter que la production de l'or a été plus considérable relativement à la valeur nominale que la production de l'argent. Mais la variation de l'or, relativement à l'argent, n'a subi que des baisses insignifiantes. D'après les tableaux de M. Sœtbeer, après la découverte de l'Amérique, il fallait 10 grammes d'argent pour acheter un gramme d'or; au commencement de ce siècle il fallait 15 grammes et demi d'argent pour acheter un gramme d'or. Depuis, il y a eu une augmentation considérable de la production de l'or, de 1851 à 1870, et M. Leroy-Beaulieu, dans un tableau très bien fait, très serré, qu'il vient de publier dans son grand *Traité d'économie politique,* a montré ces diverses variations.

Je le reproduis :

ANNÉES	OR		ARGENT		VALEUR MONÉTAIRE des deux métaux en millions de francs
	KIL. en milliers	VALEUR en millions de francs	KIL. en milliers	VALEUR en millions de francs	
1493-1840. .	4.204	14.482	142.022	31.560	46.042
1841-1850. .	547	1.886	7.804	1.734	3.620
1851-1870. .	3.902	13.443	21.156	4.701	18.145
1871-1883. .	2.166	7.416	30.355	6.745	14.206
1884-1893. .	1.763	6.074	36.441	8.097	14 172
TOTAL de la période 1484-1893. .	12.584	43 347	237.780	52.838	96.186

De 1851 à 1870, il y a eu une production d'or valant 13,443 millions, d'après le rapport conventionnel de 15 1/2, tandis que la production d'argent ne valait que 4,701 millions.

Pendant cette période, la valeur de l'argent a-t-elle augmenté ? Voici les constatations du docteur Sœtbeer :

ANNÉES	RAPPORT DES DEUX VALEURS
1851-1860. . . .	15.86
1861-1870. . . .	15.48
1871-1875 . . .	15.98

L'énorme production de l'or de 1851-1870 aurait dû provoquer une forte baisse. Il n'en a rien été. Ainsi, de 1851 à 1860, d'après les tables de M. Sœtbeer, le rapport des deux valeurs a été de 15,86, c'est-à-dire qu'avec un gramme d'or on pouvait acheter 15 grammes 86 centièmes d'argent. Nous voyons que, par conséquent, la valeur de l'argent, même au moment de cette grande production de l'or, était inférieure à la valeur constatée après la Révolution, en l'an III et en l'an XI, puisque le gramme d'or ne pouvait acheter alors que 15 grammes 1/2 d'argent. De 1861 à 1870, il y a eu une petite baisse : un gramme d'or pouvait acheter 15 grammes 48 : la baisse a été deux centièmes au-dessous de la valeur de l'an III et de l'an XI. Cette diminution a été insignifiante : tandis que de, 1871 à 1875, le rapport est de 15,98. De 1871 à 1883, la valeur nominale de la production des deux métaux est la même à 616 millions près : c'est celle de l'or qui représente les 616 millions d'excédent. Les bimétallistes parlent beaucoup de l'effet qu'aurait produit sur la baisse de l'argent, l'adoption par l'Allemagne de l'étalon unique d'or en 1873. Ils répètent sur tous les tons : C'est la démonétisation des 600 millions de marcs faite par l'Allemagne en 1873 qui est la cause du grand abaissement de la valeur de l'argent. Or l'excédent de la production de l'or aurait compensé ce chiffre. De plus, d'après des documents officiels, les 600 millions démonétisés ont été absorbés très rapidement ; en 1880 ils avaient trouvé leur emploi, ils n'existaient plus, et c'est depuis 1880 surtout que s'est produite la grande baisse de l'argent. Cette grande baisse de la valeur de l'argent s'est produite parce que l'argent est un métal dont personne ne veut plus comme monnaie ; elle s'est produite parce que les bimétallistes eux-mêmes, s'ils vont à une banque pour toucher seulement une somme de mille francs, n'accepteraient pas de se charger de mille francs d'écus de 5 francs qui représentent 5 kilogrammes. J'ai fortement engagé M. Méline, qui est à la tête du bimétallisme, à toucher son indemnité de député en pièces de 5 francs. Je suis convaincu que, si le trésorier de la Chambre la lui offrait, il refuserait énergiquement. Il en est de même pour tous les bimétallistes. Nous avons vu, d'après l'histoire du troc, qu'on a commencé par des objets presque sans valeur pour nous, des coquillages, des morceaux d'étoffes, du fer, du cuivre, des métaux de beaucoup de poids et de très peu de valeur; et puis on est passé à l'argent. A Athènes, c'était l'argent qui était l'étalon. Xénophon représente l'argent d'Athènes comme ayant une grande influence dans le monde. Il dit dans son Traité des Finances :

« Dans la plupart des autres villes, un marchand est obligé de prendre des marchandises en retour de celles qu'il y apporte, parce que la monnaie dont on y fait usage n'a pas grand crédit au dehors. Chez nous, au contraire, le commerce étranger a l'avantage de trouver une multitude d'objets qui sont partout en demande et, de plus, s'il ne veut pas encombrer son vaisseau de marchandises, il se fait solder en argent comptant qui, de tous les articles commerçables, est le plus sûr et le plus commode. »

Athènes, qui était à la tête de la civilisation économique aussi bien qu'artistique du ve et du ive siècle avant notre ère, avait pris pour sa monnaie un métal ayant une valeur par lui-même, très divisible, toujours identique à lui-même, durable, l'argent; mais l'or a ces qualités, il contient une plus grande valeur sous un plus petit poids : il remplace donc l'argent au point de vue monétaire, comme l'argent avait remplacé le fer. L'Angleterre a adopté l'étalon d'or en 1816. Nous en arrivons toujours à la même constatation : c'est que l'homme, au fur et à mesure qu'il se perfectionne, cherchant à diminuer son effort, a recours à des instruments plus commodes.

Les partisans eux-mêmes du bimétallisme, qui voudraient qu'on reprît la frappe illimitée de l'argent, ne dissimulent pas que l'argent n'est plus une monnaie conciliable avec les besoins actuels.

Il serait difficile de soutenir le contraire, car l'argent est si bien réduit à n'être qu'une monnaie d'appoint que depuis la convention de l'union latine de 1865, nos pièces de 1 franc et de 2 francs sont de la fausse monnaie : ce sont des pièces aux 835 millièmes de fin au lieu d'être aux 900 millièmes de fin. Personne n'y fait attention, parce que ces pièces n'ont un pouvoir libératoire que jusqu'à concurrence de 50 francs. Les bimétallistes vous disent, lorsqu'ils demandent le retour à la frappe illimitée de l'argent : « Mais l'argent restera dans les caisses des banques. Il est bien entendu que de cet argent, vous n'en encombrerez pas vos poches. Nous ne vous demandons pas d'acheter des sacs pour transporter de l'argent au lieu de transporter de l'or. Les lingots d'argent resteraient dans les caves des banques, seulement ils pourraient toujours être frappés par la Monnaie ». Comment ne s'aperçoivent-ils pas que cet argument est la condamnation de leur thèse, puisqu'ils proposent de prendre comme monnaie une matière qu'ils reconnaissent eux-mêmes comme hors d'usage?

En vertu des considérations que je viens d'exposer, l'argent n'a pas cessé de baisser de valeur et, actuellement, l'argent, dont le pair à 15 1/2 représente 60 $\frac{7}{8}$ deniers l'once, est tombé jusqu'à 27 deniers. Tous les efforts, les campagnes bimétallistes qui ont eu lieu depuis un an, l'emprunt chinois (le Japon a demandé à être payé en or), toutes les agitations qui se sont produites, la propagande des Silvermen de l'Amérique, les interpellations concertées dans les divers parlements, n'ont pas pu faire remonter l'argent au delà de 30 deniers, 30 deniers 1/4, 30 deniers 3/4, de sorte que, en réalité, l'argent perd actuellement, relativement à la valeur conventionnelle de 15 1/2, 50 0/0.

V.

On parle souvent de la baisse de l'or ou de la baisse de l'argent, et on a l'air de supposer que, relativement à ces métaux, il y a des baisses de toutes les marchandises et de toutes les valeurs ou, au contraire, des augmentations de toutes les valeurs et de toutes les marchandises. Ce n'est pas exact ; c'est là un préjugé. Ainsi le prix du blé peut être parfaitement indépendant de l'abondance de l'or ou de l'abondance de l'argent. Qu'il y ait des gelées tardives, une grande sécheresse, que la récolte manque, il pourra y avoir une très grande abondance d'or, le prix du blé n'en augmentera pas moins[1].

La France et l'Angleterre sont les deux pays qui ont absorbé le plus d'or. Si le prix du blé avait donc dépendu de l'abondance de l'or, il aurait dû y augmenter dans des proportions considérables. Pas du tout, il n'a pas cessé de baisser, pour une excellente raison : c'est que l'agriculture a fait des progrès, que les moyens de transport en ont fait, et que, par conséquent, on s'est procuré du blé beaucoup plus facilement. Une hausse et une baisse de toutes les valeurs, relativement à une autre valeur unique, sont un non-sens.

VI.

On a une tendance à considérer que c'est le prix

(1) J'avais soutenu cette thèse dans la *Science Économique* (1re édit., 1881). M. de Foville, l'éminent directeur de la Monnaie,

de la production des métaux précieux qui fixe leur valeur. Non, ce n'est pas du tout le prix de la production des métaux précieux, ce n'est pas l'abondance des métaux précieux qui fixe leur valeur, pas plus que celle de n'importe quelle marchandise : c'est leur consommation qui fixe leur valeur. Si un métal précieux n'est pas demandé, il baisse de valeur : c'est ce qui arrive pour l'argent ; si, au contraire, un métal précieux est demandé, il augmente de valeur ou il conserve sa valeur.

VII.

Relativement à la question du bimétallisme, je me bornerai à appeler l'attention sur ce préjugé que nous trouvons dans toutes les excursions que nous faisons dans le domaine économique : c'est le vieux préjugé que la loi, la loi positive, la loi provenant de la volonté ou d'un autocrate ou d'une majorité, peut changer la nature des choses. A l'égard de deux valeurs variables, de deux marchandises qui sont l'or et l'argent, des gens affirment qu'il suffit de deux lignes écrites dans le *Bulletin des lois*, dans un Code, pour qu'immédiatement ce rapport variable devienne un rapport

vient de la démontrer aussi lui dans l'*Économiste français*, 25 avril, 2, 9 mai 1896.

fixe. Voilà l'hypothèse sur laquelle est établi le système du bimétallisme.

Enfin il y a un autre préjugé : que la loi peut fixer la valeur des marchandises et que ce ne sont pas les marchandises qui fixent la valeur des lingots certifiés, qu'on appelle de la monnaie.

C'est sur ces deux préjugés que reposent toutes les aberrations monétaires : ils sont extrêmement tenaces, puisque nous les voyons servir de plate-forme à des campagnes comme celles du bimétallisme, plus de quatre siècles après Nicole Oresme. Si cette agitation pouvait réussir, nous arriverions au bon temps des assignats de la Convention et du Directoire. On avait frappé des morceaux de papier, on avait inscrit des chiffres sur ces morceaux de papier, et le législateur s'était imaginé qu'en y inscrivant 5 francs, 10 francs, 20 francs, 50 francs, 1,000 francs, il leur donnerait une valeur de 1,000 francs, de 50 francs, de 20 francs. En l'an III, le sac de farine revient à 13,000 livres. Le louis d'or successivement vaut 71, 74, 120, 220, 577, 893, 1,200 francs; en pluviose an IV, il est à 5,300 francs en papier; Guy-Vernon proposa d'émettre 3 milliards d'assignats au pair : ceux qui les refuseraient « seraient punis comme traîtres à la patrie ». Dubois-Crancé demandait que le commerce de l'or et de l'argent fût interdit. Le gouvernement avait été obligé de fournir à la consommation du pain.

Je ne cite ici que l'expérience des assignats.

Elle suffit pour prouver qu'il n'appartient pas au législateur de donner une valeur factice à un morceau de papier. Mais il ne lui appartient pas davantage de donner une valeur factice à un morceau de métal, que ce morceau de métal soit du billon ou qu'il soit de l'argent. Si un gouvernement donnait à l'argent le pouvoir libératoire indéfini réclamé par les bimétallistes, il frapperait tout simplement des assignats d'argent ; en vertu de la loi de Nicole Oresme et de Gresham, il perdrait sa monnaie d'or et la remplacerait par des assignats d'argent.

Est-ce une hypothèse de l'avenir ? Mais l'expérience a été tentée aux États-Unis. Il y a eu le Blank-bill, qui, en 1878, a essayé de relever la valeur de l'argent. On ne l'a pas trouvé suffisant. Il y a trois ans, il y a eu le Sherman-act qui a forcé le Trésor à acheter pour 200 millions de dollars d'argent par an ; à la place on donnait des greenbacks. Qu'est-il arrivé ? L'or a émigré des États-Unis et le Trésor a été péniblement obligé de racheter de l'or pour se libérer.

Cette expérience récente prouve combien est illusoire tout essai de donner une valeur factice soit à du papier, soit à un métal.

La campagne bimétalliste ne devait pas nous effrayer en France. Oh ! ce n'est pas parce que l'opinion, en France, n'est pas capable d'être entraînée par cette campagne. Chose merveilleuse, ce sont les Congrès des Agriculteurs du mois de février 1895 qui ont fondé la ligue bimétalliste. On leur a dit que, si on faisait venir de l'argent en France, si on rouvrait la Monnaie à la libre frappe de l'argent, immédiatement ils verraient leur blé, leur bétail doubler de prix et qu'ils vendraient tout cher et achèteraient tout bon marché. Naturellement, ils l'ont cru, ils se sont payés de ces illusions, sans examiner la réalité des faits, et, par conséquent, s'il n'y avait que notre Parlement pour décider qu'on reprendra la libre frappe de l'argent, nous aurions de grandes chances de courir à ce désastre. Mais on veut bien reconnaître que nous ne pouvons pas nous livrer à cette aventure tout seuls, qu'il faut que l'Allemagne consente à renoncer à l'étalon d'or adopté en 1873, que l'Angleterre veuille bien renoncer à l'étalon d'or qu'elle a adopté en 1816, et enfin que le Président des États-Unis, M. Cleveland, qui a supporté le poids de la crise du Sherman-act, veuille bien consentir à augmenter les difficultés de la crise monétaire. Je dois dire qu'aux États-Unis, au Texas, dans une assemblée électorale qui a eu lieu il y a quelque temps, les silvermen eux-mêmes ont demandé qu'on ne mît pas dans le programme la reprise de la frappe de l'argent; ils ont considéré que c'était une plate-forme usée pour les États-Unis. Les bimétallistes déclaraient sur tous les tons que, lorsqu'il y aurait, en Angleterre, un ministère conservateur, si M. Balfour revenait au pouvoir, le ministère serait bimétalliste. M. Balfour est devenu premier lord de la trésorerie, on l'a interrogé à la Chambre des communes et il s'est empressé de répondre que, comme homme, il était bimétalliste, mais que, comme lord de la trésorerie, il ne l'était pas.

Le 26 février 1895, sir William Harcourt avait été interrogé à la Chambre des communes et il avait répondu également que, si les autres pays voulaient reprendre la libre frappe de l'argent, l'Angleterre considérerait quelles seraient les conséquences qui en résulteraient pour elle, mais que, quant au Gouvernement anglais, il n'en prendrait pas l'initiative. Cependant, comme les bimétallistes français faisaient grand tapage de la ligue bimétalliste anglaise, qui est surtout composée d'agrariens, je m'adressai à un homme qui mérite toute confiance : c'est M. A.-J. Wilson, le directeur de l'*Investor's Review*. Je lui demandai de m'écrire une lettre confidentielle dans laquelle il me dirait très exactement quelle était la situation du bimétallisme en Angleterre. Il me répondit aussitôt par une lettre très détaillée : « La question est bien simple : nous sommes les plus grands créanciers du monde, et, si nous adoptions actuellement la frappe illimitée de l'argent, nous jetterions 50 ou 60 0/0 de nos créances dans l'Océan. Nous n'avons pas la moindre tentation de faire cette opération, et jamais aucun homme d'État anglais n'osera essayer de la faire. » Après avoir reçu cette lettre, qui n'était pas écrite pour la galerie, je lui demandai l'autorisation de la publier. Je la publiai et j'ajournai M. Méline à un an. Il n'a pas réussi, jusqu'à présent, à obtenir l'adhésion des gouvernements étrangers au bimétallisme[1].

Voici, en deux mots, la conclusion que nous pouvons tirer des détails que je viens de donner :

1° La valeur relative des métaux en lingots fixe la valeur de la monnaie : et ce n'est pas la valeur légale de la monnaie qui fixe la valeur des métaux en lingots ;

2° Le législateur ne peut établir un rapport fixe entre deux valeurs variables. S'il pouvait donner une valeur d'autorité à un métal, il pourrait la donner à tous les objets, le papier compris, et l'expérience universelle a prouvé son impuissance à cet égard.

VIII.

L'humanité, pour alléger et garantir ses moyens d'échange, a eu recours non seulement à la monnaie, mais aussi à la banque. Je dois dire que, sous le nom de banque, on désigne des opérations très diverses. Tout d'abord, la banque était destinée à garantir la bonne monnaie. J'ai indiqué com-

1. La déclaration de sir M. Hicks Beach, chancelier de l'Échiquier, a été, le 17 mars 1896, d'une netteté telle que les bimétallistes ont été obligés d'avouer leur déroute définitive.

bien la monnaie était variable ; de tous les côtés, il y avait des seigneurs qui frappaient de la monnaie ; le droit de monnayage était dispersé, on rognait la monnaie partout, et alors, surtout dans de petits pays, dans des villes commerçantes comme Hambourg, comme Amsterdam, comme Gênes, dans de petites républiques faisant grand commerce, la bonne monnaie était extrêmement difficile à se procurer, au point qu'à Amsterdam, la valeur des monnaies ayant cours était réduite de 9 0/0. Adam Smith a admirablement décrit les fonctions des banques au XVIIe siècle.

Dès qu'une bonne pièce paraissait, elle était fondue et exportée ; il en résultait que, la bonne monnaie manquant pour payer les lettres de change, celles-ci avaient une valeur variable, fort nuisible pour les intérêts du commerce. Pour remédier à ces inconvénients, on établit une banque à Amsterdam, en 1609, avec la garantie de la ville. Cette banque recevait les monnaies étrangères et les monnaies usées et légères du pays, pour leur valeur intrinsèque en argent type du pays, déduction faite d'un tant pour cent extrêmement faible pour les dépenses de monnayage et les autres dépenses de manipulation. La banque ouvrait alors un crédit sur ses livres pour ce qui restait après cette déduction. Ce crédit s'appelait « monnaie de banque » et, comme il représentait exactement de l'argent tel qu'il sortait de l'Hôtel de la Monnaie, il avait toujours exactement la même valeur, et avait plus de valeur intrinsèque que la monnaie courante du pays.

Vous voyez, par conséquent, que la banque a tout d'abord été un instrument de sécurité garantissant que le paiement aurait lieu pour la valeur mentionnée.

Puis la banque a eu à faire d'autres opérations. La banque a été un véhicule de valeurs. Voiturer des monnaies lourdes comme l'argent, c'est une grosse affaire. Ainsi on vient d'emporter à Marseille 4 millions en piastres d'argent destinés au Tonkin; il n'a pas fallu moins de quatre wagons. Jugez par là combien un transport d'argent était difficile autrefois. On suppléa au transport de la monnaie par la lettre de change. La lettre de change est évidemment très ancienne. La lettre de change s'est perfectionnée au moyen âge, soit avec les Lombards, soit avec les Juifs. Les Juifs avaient de bons motifs pour essayer de dissimuler et de transporter facilement leurs valeurs. Toujours sous la menace de confiscation et de spoliation, ils s'ingénièrent pour trouver le véhicule le plus facile, le plus rapide et le plus discret des valeurs. Ils ont rendu un très grand service au commerce en développant l'usage de la lettre de change. La lettre de change a servi à transporter des valeurs de place en place : les banques ont été des institutions qui se sont chargées de faire des virements entre les dettes d'une place et les créances d'une autre place sur cette même place.

Le mot de crédit qui vient de *credere:* croire, s'applique à beaucoup de choses diverses.

La lettre de change est une opération de crédit. La garde des métaux précieux ou des valeurs est également une opération de crédit. Mais je vais envisager le crédit sous une autre forme.

Dans le chapitre III, lorsque j'ai parlé du rôle des capitaux, je me suis surtout attaché à démontrer que le rôle du capital dans la production était une avance. L'ingéniosité du crédit a été d'augmenter encore cette avance du capital. — Le crédit augmente-t-il les capitaux existants? — Oui, dans une certaine mesure, il peut les augmenter, car, quelquefois, il n'est pas nécessaire de mettre en avant des capitaux pour faire telle ou telle opération : il suffit souvent d'une simple caution, d'une garantie, et c'est sur la foi de cette caution et de cette garantie que peut être engagée telle ou telle entreprise.

Mais surtout le crédit augmente le pouvoir productif des capitaux.

Un marchand achète aujourd'hui à terme des marchandises pour les revendre demain. Il fait une série d'opérations en avance sur le temps. Le crédit est une opération qui consiste à gagner sur le temps, comme le transport consiste à gagner sur l'espace. Macleod a donné cette formule : « Le taux du profit est en raison directe de la différence de la valeur du produit au-dessus du coût, et en raison inverse du temps dans lequel il est obtenu. »

Le grand rôle du crédit c'est d'abréger le temps, exactement comme les moyens de transport ont pour but d'abréger la distance.

Les grandes maisons de nouveautés se sont fondées avec des capitaux relativement minimes : elles vendent au comptant, elles achètent à terme, ou plutôt elles achetaient à terme. Par cette vente au comptant et cet achat à terme et par la différence résultant de cette vente au comptant et de cet achat à terme, elles ont pu faire des opérations colossales qu'elles n'auraient pas pu faire avec leurs capitaux. M. Bagehot, dans « Lombard street », a expliqué très bien le rôle du crédit, au point de vue du développement des affaires. Il disait : « Il a surgi, dans toutes les parties de l'Angleterre, une foule de petits commerçants qui escomptent des quantités considérables de papier, et qui, au moyen de ce capital emprunté, circonviennent et terrassent le vieux capitaliste, en admettant même qu'ils ne parviennent à le chasser. Le nouveau commerçant a évidemment d'immenses avantages pour soutenir la lutte. Admettons qu'un négociant ait un capital à lui, capital de 1,250,000 francs : pour que ce capital lui rapporte 10 0/0, il lui faudrait faire 125,000 francs de bénéfices annuels, et il doit vendre ses marchandises en conséquence ; si un autre marchand, au contraire, n'a que 250,000 francs à lui, et qu'au moyen de l'escompte il emprunte un million, il se trouve à la tête d'un capital semblable de 1,250,000 francs et peut vendre à beaucoup meilleur marché. S'il a emprunté au taux de 5 0/0, il devrait, chaque année, payer 50,000 francs d'intérêts : et si, comme le vieux commerçant, il réalise 125,000 francs de profits par an, il lui restera encore, après avoir déduit les intérêts qu'il doit, une somme annuelle de 75,000 francs, c'est-à-dire que son capital de 250,000 francs lui rapportera 30 0/0.

« La certitude de pouvoir se procurer de l'argent en escomptant du papier ou autrement, et cela à un taux d'intérêt modéré, fait que, dans le commerce moderne, il y a une sorte de prime à travailler avec un capital d'emprunt et une sorte de défaveur constante à se borner uniquement à son propre capital ou à s'appuyer principalement sur lui. »

Toutefois certaines maisons étant arrivées à augmenter leur capital, paient comptant et peuvent obtenir un bénéfice considérable, rien que par l'économie de l'escompte. Ainsi le Bon Marché fait pour 150 millions d'affaires par an ; ses bénéfices sont de 7 millions. Que représentent ces 7 millions? le taux de l'escompte.

On peut dire que *le crédit est le capital de l'avenir.* C'est une anticipation sur le capital.

Macaulay raconte l'embarras qu'un individu du XVIIe siècle ayant des économies avait pour les placer. Il dit que le père de Pope, qui était un négociant de la Cité, s'était retiré des affaires avec une très grande fortune, puisqu'elle se montait à 20,000 livres sterling. Il les avait mises dans la cave et, au fur et à mesure des besoins de la maison, il puisait dans son coffre. Il n'avait trouvé aucune institution qui pût lui présenter assez de garanties pour les placer. La banque est devenue un instrument de placement.

On médit beaucoup des financiers. Le rôle des financiers est de réunir des capitaux qui, autrement, ne sauraient comment s'employer. M. Stanley Jevons, dans son livre sur la *Monnaie,* a fait un graphique extrêmement curieux et intéressant qui représente des capitaux qui dorment à droite ou à gauche, qui ne sauraient comment s'utiliser, et qui viennent, de divers réservoirs, se concentrer et se réunir pour faire de grandes affaires. Il y en a qui sont mauvaises, et il y en a d'autres qui sont bonnes. Pour toutes les grandes opérations, pour tous les grands travaux qui ont transformé la surface du monde depuis cinquante ans, il a fallu réunir et concentrer des capitaux, faire des avances qui ne peuvent être remboursées qu'au bout de longues années.

Quelle est cette opération ? Des capitaux auraient dormi dans des bas de laine ; des capitaux n'auraient pas su s'utiliser ou auraient été gaspillés ; les financiers les ont appelés, concentrés. Certes il y a eu des échecs, il y a eu des krachs formidables ; mais, il faut voir les grandes œuvres qui ont été accomplies et, à coup sûr, il est impossible de dire qu'elles n'ont pas influé sur les progrès de la civilisation humaine dans la dernière partie du XIXe siècle.

Je parlais tout à l'heure de l'allégement de la circulation d'un pays et je montrais que l'or remplaçait l'argent. On peut dire que la *circulation d'un pays est d'autant plus développée que l'usage des monnaies y est plus restreint relativement au chiffre de ses affaires.* En France, par exemple, nous avons à peu près le double de métaux précieux de l'Angleterre.

Si on considère le rôle de la monnaie dans les affaires, on trouve qu'il diminue de plus en plus. Ainsi, M. W. Fowler, un très grand banquier de Londres, qui a fait une étude très remarquable sur la monnaie, M. W. Fowler calcule que 99 0/0 des affaires qui se font en Angleterre ne se font qu'avec des instruments de crédit. Sur l'ensemble du commerce extérieur de l'Angleterre et de la France, on a calculé que les métaux précieux ne jouent pas un rôle dépassant 3 0/0.

Aussi, à tout instant, quand vous voyez que la balance du commerce n'est pas à notre avantage (et elle ne l'est jamais parce que nous sommes un peuple riche), les protectionnistes supposent immédiatement que nous payons les échanges avec des métaux précieux. Cependant il y a un fait qui est bien frappant ; c'est que, si un peuple payait des échanges avec des métaux précieux, il y a très longtemps que l'Angleterre, qui a importé, depuis 1854, quelque chose comme 130 milliards de francs de plus qu'elle n'a exporté, devrait être complètement ruinée. La France aussi, qui a importé beaucoup plus qu'elle n'a exporté, devrait être complètement ruinée. Il n'en est rien. Le rôle des métaux précieux, je l'ai dit, est insignifiant. Dans une enquête faite aux États-Unis, le 30 juin 1881, auprès de 2,106 banques, 1,966 ont répondu ; et, d'après ces banques, voici le rôle que jouent les divers instruments d'échange dans le règlement des affaires. L'or y entre pour 0,65 0/0 ; l'argent pour 0,16 0/0 ; les billets pour 4,06 et puis les chèques, les traites et les virements y entrent pour 95,13 0/0, et encore cette proportion de l'or, 0,65 0/0, n'existe que parce que ce sont les États de l'Ouest qui sont obligés d'y avoir recours, les moyens de crédit y étant moins perfectionnés que dans les États de l'Est. D'après une enquête faite aux États-Unis en 1890, sur un total de près de 6 millions de dollars de paiements faits dans le commerce de détail (épiciers, bouchers, drapiers, etc.), on trouve que 58,9 0/0 furent réglés par chèques ou par ordres sur les commerçants et que 41,1 0/0 furent réglés en monnaie. En un mot, nous voyons, lorsque nous examinons le développement des instruments de crédit, toujours se vérifier la même loi : l'homme cherche à obtenir le maximun d'effet utile avec le minimum d'effort. Plus il va, plus il allège ses moyens de circulation, plus il simplifie ses moyens d'échange, plus, en même temps, il leur donne de sécurité. Nous avons commencé par la grossière monnaie de plomb ou de fer, et nous en arrivons à régler des comptes qui s'élèvent à des milliards avec deux chiffres sur le papier. Le compte rendu de la Banque de France pour 1895 établit que les opérations de virements de compte à compte, faites gratuitement, atteignent, à Paris, le chiffre de 51 milliards 611 millions. Comme chaque payement représente un payement et une recette, c'est un mouvement de fonds de 103 milliards 222 millions, effectué sans déplacement de billets ou d'espèces. C'est le rôle du *clearing house*. En 1895, le clearing house de Londres a fait des opérations se montant à 7,592,886,000 l. st. (près de 200 milliards de francs[1]).

IX.

Je ne veux ajouter qu'un mot relativement à ce qu'on appelle improprement « l'intérêt de l'argent ». Il y a cinquante ans, Proudhon écrivait : « Ma pierre philosophale, c'est la gratuité du crédit ; si je me trompe là-dessus, le socialisme est un vain rêve. »

La gratuité du crédit, elle se fait peu à peu d'une manière relative. Au moment où Proudhon écrivait, un intérêt de 5 0/0 était considéré comme modéré ; maintenant nous tombons de

1. Voir pour plus de détails la communication de M. Pierre des Essars, *à la Société de statistique*, journal de la Société, mai 1896.

beaucoup au-dessous. Le taux moyen de l'escompte a été en 1895 de 2 0/0 en Angleterre, 2,10 en France ; le crédit arrive à une gratuité relative sans mesures révolutionnaires, qui n'auraient pas manqué de produire l'effet contraire. Quant à supprimer le taux de l'intérêt, le prix du crédit, c'est là une pure chimère.

Le taux de l'intérêt se compose de trois éléments : d'abord, si vous venez me demander de vous confier de la monnaie ou des valeurs, il est tout à fait naturel qu'en échange du service que je vous rends, je prélève quelque chose. Cet argent que je vous confie, je pourrais le garder disponible pour en faire tel ou tel usage. Par exemple, à la Banque de France, il y a beaucoup de capitaux placés là sans intérêt parce que leurs propriétaires veulent les avoir toujours à leur disposition. Si, par conséquent, je vous les confie à terme, parce que vous en avez besoin, je me prive, par cela même, de l'usage que je voulais ou que je pourrais faire de ces capitaux ; si je trouvais une bonne occasion pour acheter ou un objet d'art, ou une fantaisie, ou un terrain, ou une chose utile, ou une chose inutile, je n'aurais pas ce capital. Par conséquent, je ne vous le prête pas, si vous ne me donnez une compensation. C'est en vain que la Sorbonne défendit le prêt à intérêt : si elle put intimider des prêteurs, elle ne supprima pas les emprunteurs.

Puis le taux de l'intérêt représente le prix du temps. Vous me demandez aujourd'hui une avance, parce que vous voulez utiliser ces capitaux pour tel ou tel objet ; vous rémunérez cette avance.

Enfin il y a l'assurance du risque qui est comprise dans le taux de l'intérêt. Plus la sécurité augmente, plus le taux a une tendance à baisser. Dans les pays où la sécurité est précaire, le taux de l'intérêt est toujours beaucoup plus élevé que dans les pays où le créancier est à peu près sûr de se faire payer.

On entend même des personnes en gémir. Il est certain que la baisse du taux de l'intérêt n'est pas favorable aux créanciers, aux prêteurs sur hypothèques, aux rentiers sur l'État ou les villes, dont les conversions réduisent les intérêts. Mais, sur une population de 38 millions, il n'y en a qu'un million qui vivent exclusivement de leurs revenus, y compris les vieillards retraités. Il est certain que la baisse du taux n'est pas une prime à ceux dont l'idéal est de vivre de leurs rentes. Mais c'est une prime à tous ceux qui ont besoin de commandites industrielles ; c'est une prime à tous ceux qui ont recours à l'escompte ; c'est une prime qui permet, pour une opération, de payer des salaires plus élevés et de vendre les produits à meilleur marché ; et la baisse du taux de l'intérêt ne cessera pas s'il n'y a pas de gaspillages de capitaux en quelque gigantesque catastrophe, comme une guerre européenne. Quel est le prêteur, quel est le rentier qui oserait lever la main et dire : — Je l'appelle pour élever le taux de l'intérêt?

CHAPITRE V.

CAPITAUX FIXES ET CAPITAUX CIRCULANTS.

LEUR VALEUR RELATIVE.

I. Les capitaux fixes et les capitaux circulants. — Définition d'Adam Smith. — II. La vraie définition. — *Le capital fixe est l'instrument de travail.* — *Le capital circulant est la matière première et le produit.* — Énumération des capitaux fixes et des capitaux circulants. — La table, le morceau de sucre. — La monnaie. — III. Conséquences. — L'outil. — Économie de l'effort. — L'homme, le cheval, le cheval-vapeur. — L'effet produit. — *L'effort est productif d'utilité en raison de la puissance de l'outil.* — *L'outil, une fois produit, peut être reproduit indéfiniment et sert, lui-même, soit directement, soit indirectement, à sa reproduction.* — *La consommation des capitaux circulants est en raison inverse de la puissance de l'outil.* — Les machines à vapeur. — La verrerie. — *Le progrès économique consiste à obtenir le rapport inverse maximum entre la consommation des capitaux circulants et le rendement des capitaux fixes.* — IV. *Les capitaux circulants ont une tendance constante à se convertir en capitaux fixes.* — V. Question de J.-B. Say. — Le défi de Proudhon. — H. Passy. — Bastiat. — On estime la richesse d'après la valeur. — Le capital fixe. — L'effort est productif d'utilité en raison de la puissance de l'outil. — Donc les capitaux circulants sont produits avec un moindre effort. — Par conséquent, à plus bas prix. — *La valeur des capitaux circulants est en raison inverse de la puissance des capitaux fixes.* — La conspiration universelle. — *Le progrès économique consiste dans la diminution du prix des unités des capitaux circulants et dans l'augmentation de leur valeur globale.* — *La richesse d'une nation est en raison directe de la valeur de ses capitaux fixes et en raison inverse de la valeur des unités de ses capitaux circulants.* — VI. Objections. — Ce n'est pas le désir de

I.

Quelle différence y a-t-il entre les capitaux fixes et les capitaux circulants?

Smith avait donné les définitions suivantes de ces deux sortes de capitaux; il avait dit :

« Le capital fixe, dont le caractère distinctif est de rapporter un revenu ou profit sans changer de maître, consiste principalement dans les quatre articles suivants. »

Je m'arrête immédiatement à ces mots : « Sans changer de maître », parce que le caractère que je vais donner au capital fixe est indépendant de cette formule : « Sans changer de maître. »

Et puis, il avait compris, parmi les capitaux fixes, toutes les machines utiles et instruments d'industrie qui facilitent et abrègent le travail.

« 2° Tous les bâtiments destinés à un objet utile, et qui sont des moyens de revenu, non seulement pour le propriétaire qui en tire un loyer en les louant, mais même pour la personne qui les occupe et qui en paye le loyer, tels que les boutiques, les magasins, les ateliers, les bâtiments d'une ferme, avec toutes leurs dépendances nécessaires, étables, granges, etc..... Ces bâtiments sont fort différents des maisons purement d'habitation. »

Nous allons voir tout à l'heure qu'il n'y a pas de raison de faire cette distinction.

Ce sont des espèces d'instruments d'industrie.

Ici, nous rentrons dans la définition que j'en donne.

« 3° Les améliorations des terres... »

Mais nous voyons qu'il ne compte pas la terre dans les capitaux fixes.

« Tout ce qu'on a dépensé d'une manière profitable à les défricher, dessécher, enclore, marner, fumer et mettre dans l'état le plus propre à la culture et au labourage. Une ferme améliorée peut, avec grande raison, être considérée sous le même point de vue que ces machines utiles qui facilitent et abrègent le travail.

« 4° Les talents utiles acquis par les habitants ou membres de la Société. L'acquisition de ces talents coûte toujours une dépense réelle produite par l'entretien de celui qui les acquiert, pendant le temps de son éducation, de son apprentissage ou de ses études, et cette dépense est un capital fixé et réalisé dans sa personne ».

Ce quatrième paragraphe entre dans la définition que je vais donner du capital fixe.

Puis, par une espèce de symétrie, il déclare que le capital circulant est aussi composé de quatre parties :

1° L'argent (l'argent est pris ici comme monnaie);

2° Le fonds de vivres qui est dans la possession des bouchers, nourrisseurs de bestiaux, fermiers, marchands de blé, brasseurs, etc., et de la vente desquels ils espèrent tirer un profit ;

3° Le fonds de matières, ou encore tout à fait brutes, ou déjà plus ou moins manufacturées, destinées à l'habillement, à l'ameublement et à la bâtisse, qui ne sont séparées sous aucune de ces trois formes, mais qui sont encore dans les mains des producteurs, des manufacturiers, des merciers, des drapiers, etc.;

4° Enfin, l'ouvrage fait et parfait, mais qui est encore dans les mains du marchand ou du manufacturier et qui n'est pas encore débité ou distribué à celui qui doit en user ou le consommer.....

« Ainsi le capital circulant se compose des vivres, des matières et de l'ouvrage fait de toute espèce, tant qu'ils sont dans les mains de leurs marchands respectifs, et enfin de l'argent qui est nécessaire pour la circulation de ces choses et pour leur distribution dans les mains de ceux qui doivent, en définitive, s'en servir ou les consommer.

« De ces quatre articles, il y en a trois : les vivres, les matières et l'ouvrage fait, qui sont régulièrement, soit dans le cours de l'année, soit dans une période plus longue ou plus courte, retirés par le capital circulant, pour être placés ou en capital fixe, ou en fonds de consommation. »

Je dois dire que les autres économistes, Jean-Baptiste Say, Stuart Mill, Mac-Culloch, Molinari, Courcelle-Seneuil, Stanley-Jevons, se bornent à de simples commentaires sur cette distinction établie par Adam Smith. M. Courcelle-Seneuil même finit par dire : « Cette distinction, contestable en théorie, est souvent difficile à reconnaître en pratique. »

II.

Je ne suis pas du tout de cet avis. M. Menier et moi nous avons donné une formule des capitaux fixes et des capitaux circulants que j'ai la satisfaction de voir répéter couramment aujourd'hui dans les ouvrages d'Économie politique et que je considère comme indispensable à toute étude économique. J'espère que je vais prouver qu'elle donne la solution de certains problèmes économiques, solution qui n'avait pas été trouvée jusqu'au moment où elle a été établie.

Examinons les faits les plus simples. Devant moi, voici une table ; cette table ne me rend de services qu'à la condition de rester table.

Voici un morceau de sucre, ce morceau de sucre ne me rendra d'utilité, qu'à la condition que je puisse le consommer; et, par conséquent, tandis que nous avons la table qui ne me rend de service, qui n'a d'utilité pour moi qu'à la condition de rester table, ce morceau de sucre ne peut avoir d'utilité pour moi qu'à la condition de perdre son caractère de sucre et d'être assimilé par moi.

La maison, qui nous abrite, ne peut me rendre les services qu'elle est destinée à me rendre qu'à la condition de rester maison et de garder son identité.

Une machine à vapeur, une locomotive, par exemple, ne peut me rendre de service qu'à la condition de conserver ses organes, de développer la puissance qu'elle est appelée à développer, de garder, en un mot, son identité.

La houille, au contraire, que je jette dans le foyer de cette machine, ne peut me rendre de service qu'à la condition de se transformer en chaleur, et, en se transformant en chaleur, de transformer l'eau, que j'ai introduite dans la chaudière, en vapeur. Par conséquent, nous voyons, au point de vue de la machine à vapeur, deux choses extrêmement simples: d'un côté, la machine à vapeur qui ne peut rendre de services qu'à la condition de rester identique à elle-même, et, d'un autre côté, deux matières premières, la houille et l'eau, qui ne peuvent rendre de services qu'à la condition de perdre leur identité.

Voici des matières premières: du coton en laine qui arrive; il est mis en contact avec une broche;

cette broche ne peut me rendre de services qu'à la condition de rester broche ; ce coton en laine ne peut me rendre de services, à moi filateur, qu'à la condition de devenir du fil de coton. Le voilà devenu fil de coton, mais je ne produis pas des milliers et des milliers de kilomètres de fils de coton pour mon usage personnel ; ce sont des marchandises. Ces fils de coton, que j'ai produits, ne peuvent me rendre de service qu'à la condition de perdre leur identité par rapport à moi, de disparaître relativement à moi et de se transformer en valeurs, en monnaie.

De même, pour le producteur ou le marchand, toutes marchandises. Quant aux animaux domestiques, je vais, par une comparaison, vous faire comprendre immédiatement la distinction. Voici un coq : ce coq ne peut me rendre de services, au milieu de ses poules, qu'à la condition de rester coq.

Voici un chapon : ce chapon ne peut me rendre de services qu'à la condition de disparaître, un jour ou l'autre, soit à la broche, soit sur le marché.

Le coq est un capital fixe et le chapon est un capital circulant.

De même pour un bœuf : un bœuf de travail est un capital fixe ; un bœuf destiné à la boucherie est un capital circulant.

En un mot, *le capital fixe est toute utilité dont le produit ne change pas l'identité ;* ou, autrement, *le capital fixe produit de l'utilité sans se transfor-*

mer; ou encore, pour réduire cette formule d'une manière plus simple, on peut dire que *le capital fixe c'est l'outil, c'est l'instrument de travail,* tandis que *le capital circulant est toute utilité dont le produit change l'identité,* soit *en le transformant complètement,* — comme le morceau de sucre devenu un aliment, — soit en faisant de ce produit une marchandise qui, relativement à moi, producteur ou commerçant, ne *peut me rendre d'utilité qu'à la condition de se transformer en monnaie.* En un mot, le capital circulant ne peut produire de l'utilité qu'en se transformant, et on peut dire que le *capital circulant, c'est la matière première et le produit.*

D'après ces considérations, voici la liste des utilités qui composent le capital fixe et le capital circulant : le capital fixe, c'est le sol qui ne peut nous donner de produits qu'à la condition de rester sol. Si vous me dites : Mais vous allez cultiver ce champ, vous allez épuiser les phosphates qui se trouvent dans ce champ, et, par conséquent, vous allez être obligé d'y mettre des amendements et de l'engrais, je répondrai : Oui, mais ce que je fais, c'est pour conserver l'identité à ce champ, ou pour l'améliorer, mais le caractère du capital fixe se trouve parfaitement déterminé dans les conditions que je viens d'indiquer.

Les mines. On pourrait discuter davantage sur les mines, parce qu'il est évident que tout morceau de houille que vous arrachez à une mine détruit la mine ; mais, d'un autre côté, il faut considérer que les mines se composent d'un outillage considérable et qu'une mine ne peut exister que par cet outillage. Il y a un amortissement de la mine, qui se mange peu à peu, qui se détruit peu à peu, mais cependant on peut la considérer comme un capital fixe.

Les constructions, les machines, les outillages de tout genre, les voitures, les navires, qui ne sont qu'une des formes de l'outillage, les ustensiles de ménage, les meubles, les objets d'art, les animaux servant à l'exploitation.

Je viens d'établir la distinction entre les animaux servant à l'exploitation et les animaux servant à l'alimentation ou qui sont destinés uniquement à la vente.

Au contraire, sont capitaux circulants, les matières premières, les marchandises destinées au commerce, et j'ajoute la monnaie.

La monnaie, par elle-même, ne rend aucune espèce de service. Harpagon peut enfermer des louis dans sa cassette, ils peuvent lui donner beaucoup d'inquiétude ; il peut même éprouver parfois un certain plaisir à les contempler ; mais enfin ils ne lui rendent pas de service économique. La monnaie ne rend de service que lorsque vous la convertissez en un objet ou en un service. La monnaie est un capital circulant, car c'est le grand instrument de circulation. Par rapport à son possesseur, la monnaie ne rend de service, au point de vue économique, qu'à la condition de perdre son identité.

Lorsqu'on parle, par exemple, du « taux de l'argent », ce n'est, en réalité, jamais de la monnaie que vous prêtez ; c'est une valeur. Si vous la prêtez, sous forme de monnaie, immédiatement l'emprunteur n'a qu'une seule préoccupation : c'est de faire perdre l'identité à la monnaie, soit pour la convertir en objets utiles, soit pour la convertir en fantaisies.

Donc, je vous prie de bien retenir cette distinction : *sont capitaux fixes, tous les outils, tous les capitaux qui produisent de l'utilité sans se transformer ;*

Sont *capitaux circulants, les matières premières qui ne produisent de l'utilité qu'à la condition de perdre leur identité ;* et enfin *les marchandises destinées au commerce, parce que ces marchandises ne produisent d'utilité au marchand qu'à la condition de perdre leur identité.*

Je parlais tout à l'heure de la table qui est devant moi. Cette table, à celui qui l'a achetée pour son usage, ne peut produire de l'utilité qu'à la condition de rester table. Mais elle n'a produit de l'utilité à l'ébéniste qui l'a fabriquée, qu'à la condition de se transformer en monnaie. Enfin la monnaie, capital circulant par essence, ne peut rendre de service économique qu'à la condition de perdre son identité relativement à son possesseur.

III.

J'ai dit que l'évolution économique de l'homme se résumait en un mot : c'est l'économie de l'effort. Et qu'est-ce que l'outil? C'est l'économie de l'effort humain. L'homme ne perfectionne son outillage que dans le but de diminuer son effort. Je vais donner quelques indications que tout le monde connaît, mais enfin qui feront saisir d'une manière concrète cette définition abstraite.

La force d'un cheval, calculée d'après les expériences faites pour déterminer la force d'un cheval-vapeur, équivaut à celle de sept hommes, et la force d'un cheval-vapeur, dans la pratique courante, est évaluée à celle de trois chevaux de trait, soit de 21 hommes. En France, sur 2,850,000 chevaux, il y a à peu près 2,200,000 chevaux de travail. Leur puissance équivaut donc à celle de 15,400,000 hommes. Lorsque quatre chevaux traînent une charrue, ces quatre chevaux font l'ouvrage que feraient 28 hommes. Pendant qu'ils tracent un sillon, ces 28 hommes peuvent ou ne rien faire, ou employer leur activité d'une autre manière. Ces quatre chevaux économisent l'effort de 28 hommes. Au point de vue des chevaux-vapeur, nous avons un chiffre brut; nous avons à peu près en ce moment-ci, 6 millions de chevaux-vapeur, qui représentent, par conséquent, la force musculaire de 126 millions d'hommes. Pendant que ces 6 millions de chevaux-vapeur travaillent, ils représentent la force de 126 millions d'hommes, qui n'existent pas. Au bout de leur journée de travail, ils ont produit un effet utile équivalant au travail de 126 millions d'hommes. Ces 6 millions de chevaux-vapeur, équivalant à 126 millions d'hommes, ont rendu des services, services de transport, services d'éclairage, services d'élévation d'eau, services de tout genre, ou bien ont donné des produits pour le plus grand bénéfice de chacun de nous. Nous pouvons donc formuler d'une manière extrêmement simple cette loi : *L'outil a pour résultat de réduire l'effort à son minimum*, et lorsque se produit une invention, nous la considérons comme un progrès, parce qu'elle permet à l'homme de se procurer, avec un moindre effort, des utilités, d'obtenir tel ou tel service dont il devait se priver ou pour lesquels il était obligé de dépenser des efforts considérables auparavant.

Nous allons voir immédiatement quelle est la conséquence. Si, avec un outil X, l'homme obtient, en un quart d'heure, un effet utile qu'il n'obtiendrait pas autrement en 24 heures, l'usage de l'outil X lui donne la disposition de tout le reste de ce temps. Nous pouvons dire que *l'effort est productif d'utilité en raison de la puissance de l'outil.*

Mais, ici, intervient un nouveau facteur. Un outil est inventé, la hache de pierre primitive, de silex;

cette hache de pierre s'est reproduite indéfiniment, jusqu'à ce qu'elle ait fait place à un instrument plus perfectionné, qui a été la hache de bronze, qui, à son tour, a fait place à la hache d'acier. Stephenson invente la première locomotive ; Marc Seguin y ajoute la chaudière tubulaire ; depuis que Stephenson et Marc Seguin ont fait cette première locomotive, cette locomotive a été reproduite indéfiniment, sans aucun effort ; d'autres efforts ont été faits, mais pour la perfectionner et pour obtenir de cet instrument plus qu'on n'obtenait auparavant. Nous pouvons donc dire que *l'outil, une fois produit, peut être reproduit indéfiniment et que lui-même sert directement ou indirectement à sa reproduction.*

Vous me direz : une locomotive ne sert pas à sa reproduction, etc., une broche à filer du coton ne sert pas à sa reproduction. Question de mots. La locomotive sert à sa reproduction, d'abord parce qu'elle sert de modèle à toutes les reproductions qui se feront plus tard. C'est un fait acquis, cette première locomotive. Il a fallu des milliers et des milliers d'années avant qu'on arrivât à l'inventer; mais cette locomotive est définitive. On n'y touchera que pour la perfectionner. De plus, cette locomotive nous donne des produits, en échange des services qu'elle rend. Cette broche à filer le coton donne des produits et, par conséquent, elle acquiert un pouvoir reproducteur, et c'est avec ce pouvoir reproducteur acquis par la locomotive, acquis par le filateur de coton que le directeur d'une compagnie de chemin de fer, que le filateur de coton pourra commander d'autres locomotives et d'autres broches à filer le coton.

Chez l'homme de l'âge de la pierre, la dépense de matière première était considérable pour arriver à faire son outil, si imparfait qu'il fût. Il fallait qu'il y passât des jours et des jours. Pendant ce temps, si mince que fût sa nourriture, il fallait qu'il s'alimentât. Les voyageurs nous racontent le temps considérable qu'il faut aux insulaires de la Polynésie pour creuser une pirogue, et, la pirogue une fois creusée, pour l'amener jusqu'à la mer. Au fur et à mesure que l'outillage se perfectionne, l'homme produit un effet utile beaucoup plus considérable, refait ou augmente son capital fixe en diminuant la consommation de capitaux circulants.

On peut dire que la *consommation des capitaux circulants est en raison inverse de la puissance de l'outil.*

Je viens de vous le montrer, au point de vue de l'alimentation relative de l'ouvrier actuel qui va faire ou des centaines de haches dans sa journée, ou, au contraire, du sauvage qui mettra des semaines pour obtenir une hache de pierre ou une hache de bronze.

Mais, de plus, tout l'effort de l'invention a pour but de diminuer la consommation de la matière première par l'outil.

La machine à vapeur de Newcomen consommait

par cheval et par heure 13 kilogrammes de houille, on est arrivé à la machine à vapeur des manufactures consommant 750 grammes de houille, 700 même pour les machines élévatoires de grande puissance se rapprochant d'une façon progressive du rendement indiqué par la théorie[1].

La locomotive de Stephenson pesant 4 tonnes, en 1829, à une pression de 3 kilogrammes, remorquait à une vitesse de 14 kilomètres à l'heure un train de 50 tonnes en consommant 10 kilogrammes par cheval effectif. Elle a été remplacée 60 ans plus tard par la locomotive Compound du poids de 80 tonnes qui remorque facilement à la pression de 13 kilogrammes et avec une consommation de 1,20 kilogr. des trains de 200 tonnes.

Pour les machines à vapeur marines, celle de Fulton d'une puissance de 20 chevaux, imprimait au bateau *le Clermont* de 150 tonneaux une vitesse de 6 kilomètres à l'heure en dépensant 3,5 kilog. par cheval indiqué. En 1832, la machine marine ne dépensait plus que 2 kilog. 51 ; en 1862, qu'un kilogr. avec les machines Compound, et actuellement avec les machines à triple expansion, elle dépense moins de 0 kilogr. 700. En service courant la consommation est de 900 grammes à 1 kilogramme.

Il y a vingt ans, il fallait 3 à 4 fois son poids de

1. M. Léon Appert. *Discours à la Société des Ingénieurs civils.* 4 janvier 1895.

houille pour fondre un poids donné de verre : maintenant la consommation de la houille est abaissée des 2/5. Le poids du charbon est inférieur au poids du verre fabriqué[1].

Les mêmes économies de matières premières se sont réalisées pour la production du fer. D'après sir J. Lowthian Bell, en 1835, il fallait 6 tonnes de charbon pour produire une tonne de fer (pig iron) ; l'introduction des souffleries à air chaud réduisit à 4 1/4 tonnes la consommation du charbon : en 1855, on brûle le gaz ; la consommation est réduite à 3 tonnes. En 1865, nouveaux progrès dans l'aménagement des fourneaux. On ne brûle plus que deux tonnes. Maintenant on est au-dessous de ce chiffre.

Nous pourrions multiplier les exemples à l'infini; partout ils confirmeraient cette loi générale.

Toutes les nouvelles inventions ont pour but : diminuer l'effort. On peut dire que, *plus l'outil est puissant, moins, relativement à son effet utile, il consomme de capitaux circulants.* En un mot, on peut déterminer de la manière suivante le caractère du progrès industriel : *Le progrès industriel consiste à obtenir le rapport inverse maximum entre la consommation des capitaux circulants et le rendement des capitaux fixes.*

La multiplication des capitaux circulants est en raison de la puissance des capitaux fixes.

1. Revue des Sciences, février 1896.

IV.

J'ajoute que *tous les capitaux circulants ont une tendance constante à se convertir en capitaux fixes.* Des matières premières sont absorbées, des produits sont transformés en monnaie. Que va faire l'industriel qui absorbe ces matières premières et qui obtient, en échange, de la monnaie? S'il est attaché à son industrie, il va essayer de la développer. Il va augmenter son outillage, et, par conséquent, immédiatement ces capitaux circulants, matières premières et marchandises, se convertissent, pour une part, en nouveaux capitaux fixes qui sont l'outillage de cet industriel.

S'il n'applique pas les profits qu'il a retirés de cette conversion des matières premières en marchandises, à sa propre industrie, il achètera des propriétés; il convertira, par conséquent, ses bénéfices en capitaux fixes; il achètera des actions ou des obligations.

Mais qu'est-ce que des actions? Des actions représentent, le plus souvent, une part de capitaux fixes. Les actions d'une compagnie de chemin de fer représentent, par exemple, tout l'outillage, toutes les propriétés, toutes les constructions, gares, magasins de la Compagnie; ce sont des titres fractionnés qui représentent une quote-part de la propriété de capitaux fixes considérables. Des obligations? qu'est-ce? Les obligations sont une hypothèque, et l'hypothèque est une copropriété de capitaux fixes. Par conséquent, s'il convertit une partie des bénéfices qu'il a retirés de ces matières premières et de ces produits, en actions ou en obligations, il convertit également les résultats de ses opérations avec des capitaux circulants, en capitaux fixes.

Je crois que je n'ai pas besoin d'insister.

V.

Nous allons voir immédiatement la conséquence de cette distinction entre les capitaux fixes et les capitaux circulants et, en même temps, par le jeu réciproque des capitaux fixes et des capitaux circulants, nous allons éclaircir un problème qui a été posé par Jean-Baptiste Say, dont la solution n'avait pas été donnée jusqu'à présent, et qui a motivé les deux gros volumes de Proudhon intitulés: les *Contradictions économiques*.

Jean-Baptiste Say avait posé la question suivante: « La richesse d'un pays étant composée de la valeur des choses possédées, comment se peut-il qu'une nation soit d'autant plus riche que les choses y sont à plus bas prix? »

Alors Proudhon partait de là pour dire:

« La valeur décroît comme la production de l'utilité augmente, et un producteur peut arriver à l'indigence en s'enrichissant.

« Trois années de fertilité dans certaines provinces de la Russie sont une calamité publique; comme, dans nos vignobles, diverses années d'abondance sont une calamité pour le vigneron.

« Il résulte du rapport utile à valeur échangeable, que si, par accident ou par malveillance, l'échange était interdit à l'un des producteurs, avec des magasins remplis il ne prélèverait rien...

« L'utilité est la condition nécessaire de l'échange; mais ôtez l'échange, l'utilité devient nulle. (Cela n'est pas exact comme je vous l'ai démontré.)

« L'effet inévitable de la multiplication des valeurs est de les avilir.

« Il y a donc contradiction entre la nécessité du travail et ses résultats.

« Je somme donc tout économiste sérieux de me dire, autrement qu'en répétant ou traduisant la question, par quelle cause sa valeur décroît à mesure que la production augmente.

« En termes techniques, la valeur utile et la valeur échangeable nécessaires l'une à l'autre sont en raison inverses l'une et de l'autre. »

Proudhon ajoutait: « Cette contradiction est nécessaire. » Donc, plus les peuples travaillent pour s'enrichir, plus ils deviennent pauvres. Et c'était de cette manière qu'il justifiait le sous-titre de son ouvrage : *Philosophie de la misère.*

La question n'est pas seulement captieuse; elle contient une certaine part de vérité, et je dois dire qu'on n'y avait pas répondu jusqu'au moment où j'ai publié la *Science économique* en 1881.

M. Hippolyte Passy avait essayé de la résoudre en disant ceci: « La richesse privée est en rapport avec la valeur des choses dont elle se compose, mais quant à la richesse générale, faute d'être échangeable, elle ne saurait être évaluée en aucune manière; plus les choses abondent, plus la richesse est grande, et plus sa valeur relative diminue. »

D'après cette argumentation, plus un pays serait riche, moins il vaudrait. Chacun des particuliers pourrait dire : Je suis riche, car j'ai des choses d'une valeur de X; et puis, si l'on additionnait ce total de richesses particulières, qui fait la richesse générale, on arriverait à zéro !

Bastiat, de son côté, avait essayé de résoudre la question à l'aide d'une brillante et subtile théorie, en disant : « On peut donner et l'on donne légitimement deux sens au mot richesse :

« La richesse effective, ou la somme des utilités que le travail humain, aidé du concours de la nature, met à la portée des sociétés.

« La richesse relative, c'est-à-dire la juste part proportionnée de chacun à la richesse générale, quote-part qui se détermine par la valeur.

« Chacun prend à l'utilité générale une part à la valeur qu'il crée. »

Dans le chapitre : « Propriété, Communauté »

de ses *Harmonies économiques,* il essaie de donner une solution.

« Il y a les dons naturels, dit-il, les matériaux gratuits, les forces gratuites ; c'est le domaine de la communauté.

« Il y a, de plus, les efforts humains consacrés à recueillir ces matériaux, à diriger ces forces, efforts qui s'échangent, s'évaluent et se compensent : c'est le domaine de la propriété.

« En d'autres termes, à l'égard les uns des autres nous ne sommes pas propriétaires de l'utilité des choses, mais de telle valeur, et la valeur n'est que l'appréciation des services réciproques.

« Propriété, communauté, sont des idées corrélatives à celles d'onérosité et de gratuité, d'où elles procèdent.

« Ce qui est gratuit est commun, car chacun en jouit et est admis à en jouir sans conditions.

« Ce qui est onéreux est approprié, parce qu'une peine à prendre est la condition de la satisfaction, comme la satisfaction est la raison de la peine prise. »

Bastiat ajoute :

« Nous gagnons d'autant plus que nous ne réussissons mieux à épargner notre travail et celui de nos capitaux (ce qui est juste) qui est nécessairement coûteux, et que nous parvenons à faire exécuter, au moyen des services gratuits de la nature, une plus grande part des produits.

« La richesse de l'homme, c'est l'abondance des choses. »

Et il conclut :

« 1° Que l'utilité tend à devenir de plus en plus gratuite, commune, en sortant progressivement du domaine de l'appropriation individuelle ;

« 2° Que la valeur, au contraire, seule appropriable, seule constituant la propriété de droit et de fait, tend à diminuer de plus en plus relativement à l'utilité à laquelle elle est attachée. »

Immédiatement une question se pose :

Si la richesse est en raison inverse de la valeur, alors pourquoi les individus estiment-ils leur fortune d'après la valeur? Pourquoi un peuple est-il riche quand il possède plus de valeurs ?

Si le progrès consiste à faire prévaloir la quantité des utilités gratuites sur les utilités onéreuses, les nations les plus riches seront donc celles dont la valeur est la plus basse?

On peut réfuter les arguments de Bastiat : Un individu estime sa fortune en disant ceci : J'ai des terres ou des valeurs estimées 100,000 francs et un Tel est plus riche que moi, parce qu'il a des terres ou des valeurs estimées 200,000 francs. M. un Tel est plus riche que moi, parce qu'il est propriétaire de plus de valeurs que moi.

Par conséquent, la fortune, la richesse d'un peuple, comme la richesse d'un individu, s'exprime par une valeur qui prend la monnaie comme commun dénominateur.

Et alors reste cette question : Comment, vous venez de dire tout à l'heure que le résultat de tout le génie humain, de toute l'invention est de diminuer le prix du produit ; mais, si vous diminuez le prix du produit, par cela même vous en abaissez la valeur, et, comme vous le faisait observer Proudhon, vous détruisez, par votre acte même, la richesse que vous prétendez augmenter. Votre œuvre est donc la destruction de la valeur, et le progrès économique se manifesterait le jour où la valeur serait réduite à zéro.

En est-il de même, en fait? Et alors comment résoudre cette contradiction ?

La solution de cette contradiction résulte précisément des formules que j'ai données tout à l'heure. J'ai défini la valeur, si vous vous le rappelez, dans un précédent chapitre, *le rapport d'une utilité possédée par un individu aux besoins d'un autre individu.*

Je viens de constater que l'effort est productif d'utilité, en raison de la puissance d'outil.

Voici mon champ. Ce champ, autrefois, était loin des moyens de communication; il n'y avait pas de route pour y aborder : les produits devaient être consommés sur place ou ne pouvaient être transportés qu'à une très petite distance. De même je ne pouvais pas y apporter d'amendements ou d'engrais. Mon champ était en quelque sorte isolé. De plus j'avais des moyens d'action primitifs, le vieil araire gaulois. J'ignorais les découvertes faites depuis quarante ans par la chimie agricole, et j'arrivais à faire produire à mon champ, 10, 12, 14, 15 hectolitres de blé. Au contraire, grâce à la facilité d'adduction des amendements, à la facilité, en même temps, de l'écoulement des produits, au progrès de l'outillage, aux découvertes de la chimie agricole, je puis lui faire produire 30, 40, et même on est allé, dans le Nord, jusqu'à dépasser 50 quintaux de blé. Voilà, par conséquent, un champ, sur le même espace, le même nombre d'hectares, qui peut être transformé complètement et produire des utilités en quantités beaucoup plus abondantes que précédemment. Ces utilités perdront de valeur précisément parce qu'elles sont abondantes, mais mon champ, qui en aura produit beaucoup plus, doit augmenter de valeur relativement.

De même, voici une broche à filer le coton. L'ancienne broche à filer le coton faisait tant de mètres de coton à la journée. Actuellement, elle a quintuplé, sextuplé la production des fils de coton ; je puis vendre chacun de ces fils de coton beaucoup meilleur marché que je ne pouvais autrefois. Cependant le bénéfice peut être plus considérable pour moi, puisque, par exemple, si j'ai produit 100 mètres de coton là où je ne pouvais en produire que 25, il me reste, même en abaissant mon prix de 50 0/0, encore une différence considérable comme profit.

Je pourrais multiplier ces exemples. Voici une chute d'eau, qui fait tourner une ancienne roue de moulin à eau qui produit une force de 10 chevaux-vapeur ; on met une turbine, immédiatement elle donne 40 chevaux-vapeur ; elle livre, par conséquent, trois fois plus d'utilité : or, cette utilité s'échange avec d'autres et, par conséquent, mon pouvoir d'achat est augmenté.

Je me borne à ces exemples.

La valeur est toujours relative. J'ai déjà dit, dans un précédent chapitre, que toutes les valeurs ne pouvaient pas baisser à la fois ni monter à la fois, parce qu'il n'y aurait pas de point de comparaison. On dit qu'une valeur monte quand une autre reste stationnaire ; une autre baisse relativement à une autre valeur. Mais il y a toujours la notion de relation qui s'établit, et ce n'est qu'à l'aide de cette notion de relation que vous pouvez apprécier les divers mouvements des valeurs, soit en hausse soit en baisse.

Comment peut-on mesurer la valeur des capitaux fixes ? On peut dire que *la valeur des capitaux fixes est en raison directe de l'abondance des capitaux circulants;* et on peut ajouter, d'après les exemples que je viens de vous citer, que *la valeur des capitaux circulants est en raison inverse de la puissance des capitaux fixes.* Plus l'outil peut produire de capitaux circulants, plus ces capitaux circulants baissent de prix. C'est là la crise normale contre laquelle on proteste en vain. Car tout le génie de l'invention a pour but de multiplier la production de l'outillage et, par conséquent, de diminuer le prix des produits obtenus par cet outillage ; et, comme il y a une conspiration générale, conspiration de tous les inventeurs, conspiration des industriels qui cherchent à aménager leur outillage de manière à obtenir le maximum de rendement avec le minimum d'effort, c'est-à-dire avec le minimum de coût, parce que l'effort se traduit toujours par un prix de revient; comme, d'un autre côté, le consommateur est le principal agent de cette conspiration puisqu'il demande toujours le meilleur marché, vous en arrivez à une diminution constante du prix des capitaux circulants; mais si la valeur de l'unité de ces capitaux circulants diminue, la valeur globale de ces capitaux circulants augmente et, dans le prochain chapitre, je montrerai, par des exemples que je n'ai pas voulu intercaler dans ma démonstration actuelle afin de ne pas l'interrompre par des faits isolés, je montrerai, par une série de chiffres, la vérification de cette loi; *le progrès économique consiste dans la diminution du prix des unités des capitaux circulants et dans l'augmentation de leur valeur globale.* Ainsi, par exemple, l'hectolitre de blé peut avoir diminué de prix, et cependant la valeur globale des hectolitres de blé peut être beaucoup plus considérable qu'il y a vingt ans.

Vous voyez que si, par unité de capital circulant, la valeur diminue, la valeur du *capital fixe ne cesse pas d'augmenter, lorsque les capitaux circulants abondent.*

Comment allez-vous apprécier la fortune d'un pays donné, d'une ville? Les terrains valaient 100, il y a vingt ans ; aujourd'hui ils valent 125 ; alors vous dites : cette ville est prospère, puisque ses terrains valent 125, tandis qu'ils ne valaient que 100. Une des maisons de cette ville a été construite à cette époque ; elle valait 100, il y a vingt ans ; elle vaut 125 aujourd'hui ; vous dites que cette ville est en état de prospérité parce que cette maison a acquis une plus-value. Si, au contraire, la maison ne vaut plus que 75, vous dites que cette ville est en décadence, ou, du moins, que le quartier dans lequel est située cette maison est en décadence, puisque cette maison a baissé de valeur.

Vous voyez immédiatement la conséquence : on peut mesurer la richesse d'un pays, d'une localité, à l'augmentation de la valeur de ses capitaux fixes, et l'augmentation de valeur des capitaux fixes est d'autant plus grande que les capitaux circulants sont plus abondants.

Tel est le nœud de la difficulté qui avait été soulevée par Proudhon à la suite de la question posée par Jean-Baptiste Say, et qui n'avait pas été résolue avant que je ne pusse montrer d'une manière claire le double jeu des capitaux circulants et des capitaux fixes.

En un mot, la *richesse d'une nation est en raison directe de la valeur de ses capitaux fixes et en raison inverse de la valeur des unités de ses capitaux circulants.*

VI.

Je sais que des objections peuvent être faites à cette formule, et je m'empresse immédiatement de les aborder. Je viens de dire que l'abondance des capitaux circulants est le baromètre de la valeur des capitaux fixes. Leur quantité augmente-t-elle, la valeur des capitaux fixes s'accroît. Leur quantité diminue, la valeur des capitaux fixes s'abaisse ; la dépression se produit.

— « Cependant, peut me dire un contradicteur, ce n'est pas par suite de la rareté du blé que la valeur du sol diminue en France et en Angleterre, mais par suite de son abondance. Si, non seulement mon champ, mais le champ du voisin, mais le champ de l'étranger produisent du blé toujours à plus bas prix, il en résulte que l'abondance du blé est une ruine pour moi. Si non seulement mon usine, mais l'usine du voisin, mais l'usine de l'étranger produisent du fer toujours à plus bas prix, il en résulte que l'abondance du fer est une ruine pour moi. Mon capital fixe, au lieu d'acquérir une plus-value, devient un poids mort ; je n'ai plus d'autres ressources que de laisser mon champ en friche et de fermer mon usine. Dans ces conditions, l'abondance des capitaux circulants provoque la baisse des capitaux fixes. Ce fait est en contradiction avec la loi que vous avez formulée. Et ils ont raison, ceux qui disent : « Le bon marché, c'est la crise ! »

Voilà l'objection. Je crois que je viens de la montrer dans tout son relief.

Cette objection est le point de départ du protectionnisme. D'abord cette objection suppose qu'il y a toujours surproduction. Or, il faut bien dire que ce *n'est pas le désir de consommer qui fait défaut dans l'humanité; c'est le pouvoir de consommer*. Il n'y a aucun homme qui ne dise, si riche qu'il soit : « Que je voudrais bien être riche ! » pour augmenter une de ses fantaisies quelconques, pour acquérir une chose plus ou moins utile, ou pour accroître sa fortune. Il n'y a pas de milliardaire qui ne se trouve, à un certain moment, en face de certains besoins ou de certains désirs qu'il ne peut contenter. Par conséquent, quand nous voyons que sur les 1,500 millions d'individus qui s'agitent sur la surface du globe, il n'y en a pas 300 millions qui mangent du pain ; qu'il y en a peut-être pas 200 millions qui se servent de mouchoirs de poche, qui ont des chemises de rechange ; quand on voit que la plupart s'en vont encore nu-pieds ou avec de mauvaises chaussures, il est évident qu'on ne peut pas dire que la production surabonde.

Qu'est-ce qui manque à ces individus-là ? Qu'est-ce qui manque pour faire écouler la production ? Naturellement je parle d'objets qui peuvent correspondre à des besoins. Si vous produisez des objets qui ne correspondent pas à des besoins, il y a un des termes de la valeur qui disparaît. Vous produisez (je ne veux être désagréable à personne), vous produisez un poème épique, vous vous donnez beaucoup de mal pour aligner des milliers de vers; il y a des chances que personne n'ait besoin de ce poème épique et, par conséquent, il est sans valeur. — Mais je parle des objets courants, ceux contre le bon marché desquels on récrimine. Eh bien, quand nous voyons la population, en France, ne manger encore que 90 grammes de viande par jour, il est évident qu'il n'y a pas abondance de viande pour la population française. Même avec l'augmentation de la production du blé, nous savons qu'il y a encore dans notre pays des populations considérables qui ne mangent qu'un pain mal bluté, se rapprochant du pain complet, contenant du son qui n'est pas assimilé par l'organisme et même du pain mélangé de seigle, d'avoine; qu'il y a encore des populations qui, pendant certaines parties de l'année, vivent de châtaignes. La consommation du pain, même en France, où on en mange beaucoup, la consommation de la viande sont encore loin de correspondre à nos besoins et, par conséquent, nous pouvons dire que ce n'est pas, même dans les pays les plus civilisés, même dans les pays qui sont à la tête du développement économique, que ce qui manque ce n'est pas le besoin de consommer les choses les plus usuelles, indispensables à un minimum de bien-être; c'est le pouvoir de consommer. Et d'où vient ce défaut de pouvoir de consommer? C'est que celui qui a besoin de tel ou tel objet n'a pas d'équivalent à donner en échange. Pourquoi n'achète-t-on pas davantage?... parce que le consommateur, qui voudrait bien obtenir telle ou telle chose, tel ou tel service, n'a pas à sa disposition de capitaux circulants à échanger contre les capitaux circulants ou les services dont il aurait besoin. Ce n'est pas, par conséquent, *l'abondance de capitaux circulants qui peut écraser la valeur du capital fixe; c'est, au contraire, le défaut de capitaux circulants équivalents qui peut produire ce phénomène qu'on appelle la surproduction*. Ce n'est pas parce que vous avez produit trop que vos capitaux circulants, s'ils correspondent à un besoin, ne s'écoulent pas; c'est parce qu'il n'y a pas, correspondant à eux, d'équivalents que puissent donner des populations qui voudraient se les procurer, mais qui ne le peuvent pas. Elles ne peuvent pas se les procurer, parce qu'elles ne sont pas en état de produire. Vous avez encore des millions, et des centaines de millions de gens qui, soit par défaut du climat, soit par leur propre défaut, soit par défaut de leur propre industrie, soit par paresse, défaut de méthode, etc., ne peuvent pas faire d'échanges avec vous parce qu'ils n'ont rien à donner en compensation de ce que vous pouvez leur offrir. Ils ne demanderaient pas mieux que d'acheter, mais ils n'ont pas de quoi payer.

D'où ce résultat, c'est que la pléthore des capitaux circulants sur un point ne provient pas de leur surabondance, mais de la rareté des équivalents, et on peut ajouter que la *valeur d'un capital circulant s'élève en raison de l'abondance des capitaux dissemblables.*

C'est là la question de la division du travail. Il est évident que, si nous ne produisons tous la même chose, nous ne pourrons pas l'absorber. Ce qu'il s'agit de produire, ce sont des capitaux qui correspondent à tel et tel besoin. Mais il faut produire, par conséquent, des capitaux dissemblables, et vous verrez, lorsque nous traiterons de la question des aberrations économiques qui dominent actuellement notre civilisation, quelle est la conséquence de cette loi et quelle est la grande erreur de ceux qui veulent protéger la production de capitaux semblables. Ils sont les véritables organisateurs de la surproduction.

J'ajoute encore une objection : — « Il y a, sur le marché, tant de blé que je ne puis le vendre à un prix rémunérateur ; tant de fer que je ne puis recouvrer mes frais de production ; les capitaux circulants que je produis sont au-dessous de leur prix de revient. Il en résulte que mon capital fixe perd sa valeur du fait de l'abondance des capitaux concurrents. »

La question est mal posée de cette manière. Je suppose, par exemple, une diligence ; si vous essayez de faire faire concurrence à un chemin de fer pour aller de Paris à Marseille, vous êtes sûr de l'insuccès. Par conséquent, lorsque vous vous plaignez de l'insuffisance de votre capital fixe à produire un équivalent, c'est parce que vous vous servez d'un capital fixe qui n'a plus de valeur par lui-même et qui, par conséquent, doit disparaître.

VII.

En un mot, nous pouvons dire que la *valeur d'un capital circulant s'élève en raison de la rareté des capitaux similaires, et en raison de l'abondance des capitaux dissemblables.*

La valeur des capitaux fixes est en raison directe de l'abondance des capitaux circulants ; et la valeur des capitaux circulants est en raison inverse du pouvoir d'utilité des capitaux fixes.

La richesse consiste dans la réduction de la valeur des unités des capitaux circulants et dans l'augmentation de leur valeur globale.

Ou autrement :

La richesse est en raison directe de la valeur absolue et relative des capitaux fixes, en raison directe de la valeur absolue des capitaux circulants et en raison inverse de la valeur relative de ces derniers.

La pléthore de certains capitaux circulants sur un point ne provient pas de leur surabondance, mais de la rareté de leurs équivalents, résultant soit du coût de production de ceux-ci, soit des obstacles naturels, comme l'espace, comme le défaut de sécurité; artificiels, comme le protectionnisme et le fisc, qui s'opposent à leur échange.

Un capital fixe ne perd pas sa valeur par suite de l'abondance des capitaux circulants, similaires à ceux qu'il peut produire, mais parce qu'il ne peut les produire qu'à un trop haut prix de revient ; ou autrement, parce qu'il ne peut pas en produire en assez grande quantité.

Tous les procédés artificiels employés pour augmenter la valeur des capitaux circulants, en en diminuant la quantité, ont pour résultat de diminuer la valeur des capitaux fixes.

Je vais maintenant appliquer cette démonstration à l'homme.

VIII.

Qu'est-ce que l'homme, au point de vue économique? L'homme est un capital fixe qui est capable de produire des utilités, exactement comme un champ, comme une machine, comme un outil quelconque. C'est un outil qui peut se perfectionner lui-même, et, par conséquent, il augmente de valeur. Mais, d'après ce que nous venons de dire du progrès industriel, plus l'outil est perfectionné, plus il peut faire produire à l'outil, et plus il peut obtenir de lui.

Voici un mécanicien de chemin de fer et un manœuvre qui traîne une brouette. Ce manœuvre, avec sa brouette, déplacera difficilement un mètre cube de terre en plusieurs heures. Au contraire, voici le mécanicien qui traînera plusieurs centaines de tonnes avec sa locomotive. Il est évident que cet homme, rendant un service beaucoup plus considérable, pourra être payé beaucoup plus largement que le manœuvre attaché à sa brouette. Et si, au lieu d'être attaché à sa brouette, il portait, comme on fait encore en Italie, il portait la terre sur ses épaules dans un panier, il serait forcément moins payé encore qu'il ne l'est avec sa brouette.

Par conséquent, nous pouvons dire que *la valeur de l'homme augmente avec la puissance de l'outil*, et, immédiatement, vous voyez la conséquence qui en résulte : c'est que *le développement de l'outillage est le plus puissant moyen d'augmenter la valeur de l'homme*, et *la valeur de l'homme, au point de vue du travail, se traduit par le salaire*.

Bien loin, par conséquent, que le développement de la machine ait pour but d'abaisser les salaires, le développement de la machine a pour résultat de les augmenter.

On prétend que le machinisme (c'est une des phrases qu'on répète encore) a pour résultat de supprimer le travail. En effet, l'introduction de machines dans une industrie peut provoquer une crise momentanée. Si on économise une quantité de main-d'œuvre, si on la remplace par un outil, il est très possible que cet outil, pour le moment, mette un certain nombre d'ouvriers en dehors des ateliers. Mais il y a une compensation : c'est que, si l'outil répond à la fabrication d'un produit très demandé, la demande de ce produit devient telle que le nombre des ouvriers augmente dans des proportions considérables. Je vous citerai l'exemple des chemins de fer, par exemple. Actuellement, il y a à peu près 230,000 ouvriers et employés de chemins de fer. Les diligences n'employaient pas un personnel aussi nombreux. Nous avons un fait qui est très frappant : en 1760, quand Arkwright prit son premier brevet d'invention pour sa machine à filer, il y avait alors en Angleterre 5,200 fileuses au petit rouet et 2,700 tisseurs = 7,900 personnes qui étaient employées à la fabrication des étoffes. On voulut naturellement briser le métier d'Arkwright et on voulut le tuer. En 1856, les personnes employées à la filature et au tissage du coton étaient au nombre de 379,000 ; en 1874, de 479,000 ; en 1885, de 504,000, et, maintenant, il dépasse 600,000 personnes. Vous voyez, par conséquent, que, bien loin que le métier d'Arkwright, qu'on voulait briser, ait diminué la main-d'œuvre, au point de vue de la filature et du tissage du coton, cette main-d'œuvre a augmenté dans des proportions d'autant plus considérables que la machine à vapeur est venue aider la machine d'Arkwright. De même on a voulu jeter Jacquard dans le Rhône, et cependant le métier de Jacquard a été le point de départ de la grande extension de l'industrie lyonnaise.

Jean-Baptiste Say a très bien expliqué les motifs de ce phénomène : « Supposons, dit-il, que 300,000 francs soient employés dans une manufacture, un tiers en matières premières et les deux tiers en salaires. Le manufacturier trouve une machine qui économise les deux tiers. Laissera-t-il improductifs les 100,000 francs économisés? Non, il diminuera le prix de ses produits proportionnellement. Par conséquent il augmentera la consommation, et cette consommation provoquera l'agrandissement de son usine. S'il ne peut employer cette somme à son usine, il la déposera dans une banque, il l'emploiera en commandite et ce capital servira à provoquer de nouvelles entreprises qui réclameront une augmentation de l'effort humain ».

En un mot, la *valeur de l'homme, comme celle de tous les capitaux fixes, est en raison de l'abondance des capitaux circulants.* Ricardo avait basé toute sa théorie des profits sur le bas prix des salaires. Si sa thèse était justifiée, les profits seraient d'autant plus grands que les ouvriers seraient plus misérables, et les plus riches manufacturiers devraient se trouver dans les pays les plus pauvres. C'est là encore un préjugé qui existe. M. Ketteler, l'évêque socialiste de Mayence, s'est écrié un jour : « Quel est l'effet de cette liberté commerciale entre les nations, si ce n'est de soumettre industriellement les diverses contrées aux pays où les salaires sont le plus bas ! »

Cette affirmation est en contradition avec tous les faits. Les pays dans lesquels les salaires sont le plus bas, ce sont les pays les moins industriels, et ce sont ceux qui font le moins de concurrence aux autres ; ce sont les pays, au contraire, dont les salaires sont élevés qui ont le plus grand développement industriel, et pour une excellente raison : c'est que leur outillage est plus prefectionné que partout ailleurs. Si, par exemple, Manchester reste encore le régulateur du prix du coton dans le monde, c'est qu'il a un outillage depuis longtemps établi, extrêmement puissant ; de plus, c'est que le marché des cotons est à Liverpool et que c'est là que se font les cours des matières premières et qu'il a la houille à ses portes ; en outre, c'est qu'il a des ouvriers extrêmement habiles, extrêmement appliqués pendant leurs heures de travail, qui peuvent faire donner à leur outil le maximum de rendement ; et grâce à toutes ces conditions combinées, l'Angleterre peut payer des salaires très élevés, et lutter avec d'autres pays dans lesquels les salaires sont beaucoup plus bas. Il est vrai que ces avantages peuvent disparaître, si des ouvriers, par suite de coalitions, par suite de manœuvres diverses, arrivent à ce que les salaires ne soient plus en rapport avec le prix des produits. Mais, jusque-là, si l'élévation du salaire est *proportionnée au développement de l'outillage individuel et national, si elle est proportionnée au prix de revient de la matière première, le salaire peut être extrêmement élevé, alors que le prix du produit est extrêmement bas.*

Relativement à cette question de la valeur de l'homme et des capitaux fixes, je donne les cinq formules suivantes :

L'homme est un capital fixe obéissant à la loi de la valeur relative des capitaux fixes et des capitaux circulants.

La valeur de l'homme est en raison de la puissance de l'outil. Sa valeur augmente en raison de l'abondance des capitaux circulants et de la puissance des capitaux fixes.

La valeur de l'homme est en raison directe de l'abondance et du bon marché des capitaux circulants, de la valeur, de la puissance et du total du revenu des capitaux fixes, et en raison inverse du taux du revenu.

La richesse est en raison directe de la valeur de l'homme, du total de son salaire, et en raison inverse du taux de son salaire relativement à la valeur totale de son produit.

Le rapport du prix de la nourriture au salaire est en raison inverse de la quotité du salaire et du développement économique du pays.

CHAPITRE VI.

VALEUR RELATIVE DES CAPITAUX FIXES ET DES CAPITAUX CIRCULANTS.

I. La statistique. — Les chiffres ne présentent pas une vérité absolue. — Approximations successives. — Les grands nombres. — II. La valeur de l'hectare de terre en France. — 1789. — 1883. — Augmentation absolue du capital, augmentation absolue et diminution relative du revenu. — Propriétés bâties. — Augmentation absolue du capital et du revenu. — *La richesse d'un pays se mesure à la valeur de ses capitaux fixes.* — Augmentation de la valeur des immeubles constatée par les mutations par décès. — Danger des impôts qui peuvent en abaisser la valeur. — III. Les immeubles ont augmenté de valeur depuis la démonétisation de l'argent en Allemagne. — IV. Diminution de prix des capitaux circulants. — Motifs. — Fer et acier. — *Une des causes de l'augmentation de valeur des capitaux fixes résulte de la diminution du prix de revient des capitaux circulants et de l'augmentation de leur quotité.* — Économie de l'effort. — Produits chimiques. — Valeurs provisoires et valeurs de douanes. — Baisse depuis 1885 d'après l'administration des douanes. — V. Angleterre. — Revenus des immeubles constatés par l'*income tax*. — Propriété non bâtie et bâtie. — Les *index-number* de l'*Economist*. — Les prix 1845-50 comparés à ceux du 1er janvier 1896. — Objets dont les prix ont augmenté et objets dont les prix ont baissé. — La production des métaux précieux n'a pas eu d'influence. — Les *index-numbers* de M. Sauerbreck. — Prix moyen de chaque année et moyennes décennales. — Arbitraire des moyennes décennales. — Causes des variations des prix. — Révolutions, guerres, papier-monnaie. — Développement des moyens de production. — Diminution de l'influence des métaux précieux sur les prix. — VI. États-Unis. — Opinion analogue de M. Schoenhof. — La mauvaise monnaie ne produit pas une augmentation des prix, mais elle a un moindre pouvoir d'achat. — Augmentation de la valeur des capitaux fixes. — Diminution de prix des capitaux circulants. — VII. Baisse fatale des prix des produits. — Le seul remède : la guerre. — VIII. Nivellement des prix.— IX. *La richesse d'un pays est en raison de la baisse des prix des capitaux circulants et de l'augmentation de la valeur des capitaux fixes.*

J'ai montré, dans le chapitre précédent, que le progrès industriel consiste à obtenir le rapport inverse le plus grand possible entre la consommation des capitaux circulants et le rendement des capitaux fixes; que la *richesse est en raison directe de la valeur relative et absolue des capitaux fixes, en raison directe de la valeur absolue des capitaux circulants et en raison inverse de la valeur des unités de ces capitaux circulants.*

I.

Il suffit de voir les chiffres de notre évolution économique pour se rendre compte des progrès qui ont été accomplis et des régressions qui ont pu se produire.

Mais, avant de parler de chiffres, je dois faire une petite parenthèse et une petite digression. Il est bien entendu qu'aucun des chiffres que je vais donner ne représente une valeur absolue. C'est une grave erreur de croire que des chiffres sur un papier soient l'exacte expression de la réalité. Ceux qui n'invoquent qu'avec les scrupules de la probité scientifique les chiffres de la statistique cherchent, par des approximations successives, à serrer de plus en plus près la réalité. Mais, quant à dire que ces chiffres sont absolus, jamais, et par une excellente raison : je vais citer des prix, je vais citer des valeurs, mais ces prix sont variables, ces valeurs sont variables, et lorsqu'on fait une moyenne, soit à l'égard de certaines quantités, soit à l'égard de certaines périodes, lorsqu'on choisit, comme je le montrerai tout à l'heure, pour les « Index number, » qui sont employés en Angleterre, une certaine quantité de capitaux fixes et de capitaux circulants, forcément il y a toujours une certaine part d'arbitraire.

En science, il y a des approximations ; Newton, par exemple, quand il découvrit la loi de la gravitation, avait commis un certain nombre d'erreurs qui se compensèrent par des erreurs équivalentes.

Quetelet, l'auteur de la *Physique sociale*, avait fait l'expérience suivante : il avait mis des boules blanches et des boules noires dans une urne, en égale quantité ; il tirait des boules noires et des boules blanches. Quand il tirait peu de boules noires et peu de boules blanches, il y avait entre elles des différences considérables. Quand il en tirait un très grand nombre, la différence s'atténuait. Il a fondé sur cette expérience la théorie des grands nombres.

II.

En France, pour estimer la valeur de l'hectare de terre, en 1789, nous avons l'enquête de Lavoisier sur la situation agricole; puis des études, faites ensuite, corroborées par divers contrôles en 1815. Ce sont des calculs qui sont établis sur les essais de cadastre qui avaient déjà été faits à ce moment-là.

En 1851, il y a eu une grande enquête des contributions directes et, de 1879 à 1883, une autre grande enquête qui a été faite avec plus de soin que toutes les précédentes. Mais cette enquête de 1879-1883 n'a pu se faire que sur des types à l'aide desquels on a établi la valeur de telles ou telles terres, dans telle ou telle contrée, pour tel ou tel genre de culture. Les chiffres que je présente ne sont que des chiffres relatifs. Je tenais, avant de faire un peu de statistique, à faire cette réserve. Mais, précisément parce que je la fais et que j'avertis de ne pas considérer les chiffres que je vais donner comme d'une réalité absolue, je demande qu'on ait confiance dans la manière dont j'ai établi les rapports entre eux. Je les cite d'après les documents les plus officiels que je connaisse. Je ne les ai pas groupés, je ne les ai pas arrangés pour soutenir ma thèse. Je cherche tout simplement à en dégager les lois que j'ai indiquées, dans un intérêt purement scientifique.

En 1789, la valeur de l'hectare de terre était de 500 francs, en France. Il est possible même que ce chiffre soit exagéré, car, si vous lisez les voyages d'Arthur Young, à ce moment, vous voyez des terres en friche dans des proportions considérables.

En 1815, elle est de 700 francs.

En 1851, elle est de 1,276 francs.

Elle a donc augmenté de 158 0/0. Ce chiffre est établi d'après l'enquête très sérieuse faite par les contributions directes.

Et enfin, d'après la grande enquête de 1879-1883, la valeur moyenne de l'hectare de terre est de 1830, francs, représentant, par conséquent, une augmentation pour cent de 260.

Cette augmentation de 260 0/0 est un critérium certain, car, si vous prenez un individu à part et s'il compare son hectare de terre valant 1,276 francs avec un hectare de terre valant 1,830 francs, il est évident qu'il considère cette plus-value comme un accroissement de richesse.

Cependant vous avez des propriétaires qui ne sont pas satisfaits, parce qu'ils comparent autre chose que la valeur de la terre : ils capitalisent leurs terres au taux de 1,830 francs, ils comparent le revenu relativement au taux de 1,830 francs, avec le revenu au taux de 1,276 francs, et alors ils constatent ce que constatent les contributions directes, que le rapport du revenu à la valeur de l'hectare en 1851 et en 1880, est, dans le premier cas, de 2,98 0/0, dans le second cas, de 2,89, et alors ils disent : « Notre revenu a diminué ». Oui leur revenu a diminué de 3 0/0, mais leur capital a augmenté de 43 0/0.

Leur revenu a diminué, parce qu'ils se placent au taux de la capitalisation, au lieu de se placer au taux de la valeur. Mais non, leur revenu a diminué relativement, il n'a pas diminué réellement, car leur revenu était, par hectare, de 38 fr. 04 en 1851, tandis que, en 1880, il était de 52 fr. 87 ; donc diminution relative de 3 0/0, mais augmentation absolue de 36 0/0.

C'est parce qu'on ne tient pas compte de cette augmentation réelle que tant de préjugés ont cours.

Je ferai remarquer que je ne dis pas qu'il n'y ait jamais eu de baisse sur telle ou telle propriété. Au moment du phylloxéra, les propriétaires de vignobles subissaient une perte considérable et se considéraient comme ruinés, leurs terres ne rapportaient aucun produit. Il peut se faire que, dans un certain nombre de régions où la culture a gardé d'anciennes pratiques, incompatibles avec les concurrences actuelles, il y ait des propriétaires qui soient dans une situation fâcheuse ; le revenu global a pu revenir en arrière, mais alors la capitalisation de leur terre rétrograde aussi ; s'ils veulent la maintenir, ils ne trouvent pas d'acheteurs.

Si nous faisons le même travail pour les propriétés bâties, nous voyons la progression suivante :

En 1826, il y a 6,484,000 maisons et châteaux... etc... On n'avait pas distingué les usines et moulins.

En 1847, il y a 6,999,000 maisons et châteaux et 120,000 usines et moulins.

En 1851, il y a 7,439,000 maisons et châteaux et 138,000 usines et moulins.

En 1872, 8,231,000 maisons et châteaux, et 147,000 usines et moulins.

En 1879, il y a 8,509,000 maisons et châteaux, et 151,000 usines et moulins.

En 1885, 8,729,000 maisons et châteaux, et 153,000 usines et moulins.

Les maisons ordinaires représentaient, en 1851-1853, une valeur de 17,474 millions de francs;

En 1879-1889, elles ont représenté une valeur de 43,501 millions.

Par conséquent, la différence en plus a été de 26,027 millions.

Le taux de l'augmentation a donc été de 149 0/0.

Ici le taux de l'intérêt a augmenté aussi :

Il était de 3,65 en 1851-1853;

Il était de 4,27 d'après l'enquête de 1887 à 1889.

Les usines représentent, en 1851, 1,276 millions;

En 1889, 3,152 millions.

La différence en plus était de 1,875 millions;

Le taux de l'augmentation est de 147 0/0;

Et le taux de l'intérêt reste le même, 4,46.

Mais il est évident que le taux de l'intérêt, relativement aux usines, est absolument insignifiant. Il est établi pour la commodité des contributions directes, mais une usine rapporte ou ne rapporte pas, non pas d'après la valeur qu'elle peut avoir comme immeuble et comme terrains occupés, mais d'après la valeur de ses produits.

Les propriétés bâties de toute nature sont donc passées par les chiffres suivants : 19,279 millions de francs en 1851, 48,563 millions en 1889 ; la différence en plus est de 29,282 millions, soit 152 0/0 ; le revenu est passé de 3,69 à 4,24.

Il est entendu que, dans cette enquête, on a fait abstraction des territoires qui ont été cédés, en 1871, à l'Allemagne et qui représentaient 7,325,000 propriétés bâties.

Pour avoir des points exacts de comparaison il faut déduire aussi les propriétés de la Corse où le travail n'avait pas eu lieu et Nice et la Savoie. Ces déductions faites, nous voyons que, de 1851-1853 à 1887-1889, le nombre des propriétés bâties s'est accru de 1,500,000, soit de 21 0/0 ou de 41,760 par an. Le revenu net constaté respectivement à ces deux époques, pour les immeubles bâtis, s'est élevé de 700,800,000 à 2,058,900,000 francs, soit 1,358 millions ou 190 0/0, correspondant à une augmentation annuelle de 37,400,000 francs.

D'après l'enquête de 1851-1853, le revenu moyen annuel était de 97 francs, et il est actuellement de 233 francs ; en plus 136 francs par propriété.

La propriété bâtie avait en 1851-1853, un revenu net de 3,69 ; en 1887-1889, un revenu de 4,24. Le revenu relatif a augmenté.

Qu'est-ce que cela prouve? Cela prouve qu'il n'y a pas encore assez d'habitations, que les maisons ne répondent pas aux besoins.

S'il est bien constaté que la richesse d'un pays se reconnaît à l'augmentation de valeur des capitaux fixes, il faut donc bien prendre garde, par une mesure quelconque, de diminuer la valeur de ces capitaux fixes. Dans ces études, je ne traite que d'une manière très accessoire les questions actuelles. Mais elles perdraient de leur utilité si, en exposant les questions théoriques, je n'arrivais pas à indiquer certaines conséquences pratiques. Lorsque, par exemple, vous augmentez les droits sur les successions, par cela même, vous frappez d'une moins-value les immeubles: les personnes qui en sont menacées savent que, si elles ont des immeubles, elles les dissimuleront beaucoup moins facilement que si elles ont des valeurs mobilières, et, par conséquent, les personnes prudentes, au lieu de placer leurs capitaux en immeubles, ont une tendance, par cela même, à les placer en valeurs mobilières. Si elles se sentent menacées d'impôts sur le revenu, comme elles savent qu'elles ne pourront pas dissimuler leurs revenus en possédant des immeubles, il est évident que le même effet se produira et, par conséquent, elles les placeront autrement. Je dois dire que ce fait se produira non seulement pour les petits propriétaires, mais qu'il se produira surtout chez les gros capitalistes, qui, étant obligés d'être en relations avec des banquiers, se serviront de tous les moyens que la banque met à leur disposition pour placer à l'étranger, au besoin, une partie de leurs valeurs, et, par conséquent, vous voyez immédiatement la grave atteinte qui est portée à l'augmentation de la valeur immobilière de la France par des menaces fiscales, et *toute diminution, au moins tout arrêt dans l'augmentation de la valeur vénale, à plus forte raison toute diminution de la valeur vénale de la propriété immobilière, est une cause de ruine pour le pays qui la subit.*

Je prends la valeur des immeubles, d'après les mutations par décès. De 1876 à 1878, la valeur était de 2,487 millions; en 1879, elle monte à 2,610 millions; en 1883, elle monte à 2,695 millions; en 1884, il y a une régression qui, évidemment, était due au krach de 1882 et à ses conséquences, à la crise économique qui a eu lieu à ce moment-là. La valeur baisse à 2,651 millions; en 1885, elle se relève à 2,784 millions; en 1893, à 2,844 millions et, en 1894, à 2,886 millions.

Ces chiffres ne sont pas en conformité avec les doléances des propriétaires qui ne cessent de répéter qu'ils sont ruinés. Mais, à coup sûr, si les lois fiscales dont je vous parlais tout à l'heure venaient à être appliquées, vous pouvez être certains qu'il y aurait sinon une régression immédiate, parce qu'un pays comme la France peut supporter pendant longtemps des impedimenta de ce genre sans s'en apercevoir, mais qu'il y aurait au moins un arrêt qui se traduirait, tôt ou tard, par un recul.

III.

Je viens d'indiquer la progression de la valeur des immeubles ; c'est une réponse immédiate aux personnes qui prétendent que la démonétisation de l'argent par l'Allemagne, en 1873, sur laquelle je me suis expliqué, a provoqué une baisse des prix. Si la démonétisation de l'argent avait eu pour résultat de faire baisser les prix, elle aurait dû exercer son influence sur les capitaux fixes. Or, nous voyons que la valeur des capitaux fixes a augmenté dans des proportions considérables, et justement pendant la période qui a suivi la démonétisation de l'argent.

J'ai pris ces derniers chiffres des valeurs successorales à partir de 1876-1878, précisément parce que les protectionnistes et les bimétallistes ont l'habitude de faire partir de 1873 et des années suivantes la baisse des prix. Vous voyez que cette baisse des prix ne s'est pas fait sentir sur la valeur des immeubles en France, puisque l'enregistrement constate le contraire, à propos des mutations par décès.

IV.

J'emprunte à un travail de M. Euverte, la *Métallurgie du fer et de l'acier* (juin 1895), le tableau suivant :

Prix des fontes :

	1853	1893
	—	—
Fers en barre.	300	161
Rails en fer.	262.50	190
Tôles en fer.	433	224

La fabrication des rails en fer a disparu en 1894.

Un rail d'acier résiste à l'usure *trois fois plus* qu'un rail de fer.

Trois tonnes de rails en fer à 190 francs. . . =	570 fr.	»
2,700 kil. rails usés à reprendre à 175 francs. . =	202	50
La dépense pour 3,000 kil. de fer est de. .	367 fr.	50
1,000 kil. d'acier à 150 fr..	150 fr.	»
900 kil. à reprendre à 75 fr.	67	50
La dépense pour 1,000 kil. d'acier est de..	82 fr.	50
Économie.	285 fr.	»

Si on multiplie ce chiffre par les 4,640,000 tonnes livrées de 1868 à 1894 on arrive à une économie représentant en chiffres ronds 1,325 millions en 26 ans, ou plus de 50 millions par an.

Il faut ajouter à ce chiffre les frais de réfection des voies qu'on évalue à 15,000 francs par kilomètre, ce qui ajouterait encore une somme de 25 millions à l'économie occasionnée par l'emploi des rails d'acier.

Quelle est la somme que représentent les progrès de la fabrication entre 1853 et 1894 ?

Sur 843,000 tonnes de fers produits en 1894, la réduction moyenne dans les prix de revient comparativement à 1853 est de 150 fr. par tonne, soit...	126.000.000 fr.
La fabrication des rails d'acier donne aux compagnies de chemins de fer un avantage minimum de	75.000.000
	201.000.000 fr.
Sur la fabrication des pièces moulées en fonte	25.000.000
	226.000.000 fr.

par an. — Telle est l'économie réalisée entre 1853 et 1894.

La comparaison de ces chiffres établit nettement la raison des lois que j'ai formulées dans le chapitre précédent :

1° Le coût du prix de production des capitaux circulants a diminué ;

2° Ces capitaux circulants ont permis d'établir un outillage à meilleur marché ; les services rendus par cet outillage peuvent donc être vendus à plus bas prix : donc abaissement du prix d'autres capitaux circulants ou de services ;

3° La valeur du capital fixe qui utilise ces capitaux circulants est augmentée : *a*) du bon marché auquel ils peuvent lui être livrés ; *b*) de l'épargne qui résulte de l'accroissement de leur durée.

De ce seul fait, nous pouvons conclure : qu'une des causes de *l'augmentation de valeur des capitaux fixes résulte de la diminution du prix de revient des capitaux circulants et du progrès de leur qualité.*

M. Léon Appert, dans le discours dont j'ai déjà parlé[1], indiquait les progrès suivants de l'industrie des produits chimiques qui se manifestent par l'abaissement du prix, c'est-à-dire par l'économie de l'effort du consommateur pour se les procurer, parce que le producteur a pu, grâce à la science, économiser lui-même son effort de production.

Grâce aux procédés de double décomposition qui ont remplacé le procédé Leblanc, le carbonate de soude qui était vendu 45 francs les 100 kilogrammes en 1855 est descendu à 9 francs en 1893 ; et ce n'est pas le dernier mot.

Le sulfate de soude qui valait 9 francs les 100 kilogrammes ne vaut plus que 3 francs.

Le chlorure de chaux qui valait 34 francs les 100 kilogrammes est vendu actuellement 20 francs.

La démonétisation de l'argent par l'Allemagne et la suspension de la frappe de l'argent en France, n'ont eu aucune influence sur cette baisse. Elle

1. 4 janvier 1895.

est due à la science ! Pour l'arrêter, ce n'est pas la frappe libre de l'argent qu'il faudrait rétablir : c'est la science qu'il faudrait frapper d'interdit !

Il y a une manière de calculer, que j'ai introduite en France pour la première fois, et dont on se sert maintenant pour évaluer la baisse des marchandises, en prenant les chiffres du commerce extérieur. Vous savez que nous estimons les marchandises qui entrent en France et qui en sortent, d'après le taux de l'année précédente. Ce taux est arrêté par une Commission qu'on appelle la Commission des valeurs de douane. Mais, comme elle n'a fini ses travaux qu'au bout de quelques mois après que la période est terminée, il en résulte que l'année 1895, par exemple, a été évaluée d'après les chiffres de l'année 1894. Il suffit de faire la comparaison entre l'évaluation provisoire et l'évaluation définitive pour voir s'il y a eu une baisse ou une hausse sur l'ensemble des marchandises, et, en faisant cette comparaison, on trouve ceci : à partir de 1873, par exemple, pour toutes les années, sauf 1879-1880 et 1888, 1889, 1890, il y a eu une baisse constante dans la valeur des marchandises, et cette baisse est de 33 0/0 jusqu'à 1885. Il faut y ajouter, pour les dernières années, à peu près 6 ou 8 0/0. C'est donc une baisse de 40 0/0 sur l'ensemble des marchandises, depuis 1873.

M. Méline qui, en 1891, pour essayer de nier l'heureuse influence des traités de 1860 sur le développement de notre commerce extérieur, refusait de tenir compte des changements de valeur pour apprécier le mouvement des échanges[1], s'est aperçu qu'ils existaient quand il s'est trouvé dans la nécessité de défendre ses tarifs de 1892. Il a fait faire un travail comparatif des prix entre les taux des quatre années 1885, 1889, 1890 et 1894.

Voici les chiffres obtenus.

Proportion de la baisse résultant de l'application aux produits importés pendant les années 1885, 1889 et 1890 des taux de l'année 1894.

	0/0		
	1885	1889	1890
Objets d'alimentation.	19,17	12,48	9,22
Matières nécessaires à l'industrie. .	13,43	20,81	22,55
Objets fabriqués..	0,96	+0,81	1,14
Baisse totale.	13,60	15,02	15,15

La baisse serait moins forte pour les produits exportés.

	0/0		
	1885	1889	1890
Objets fabriqués..	8,2	9,8	7,8
Objets d'alimentation.	8,0	6,8	5,8
Matières nécessaires à l'industrie. .	14,5	16,4	18,7
	9,5	10,8	9,9

1. Voir discours de M. Aynard du 2 mai 1891.

V.

Comme en Angleterre, les cours ne sont pas troublés par les variations de droits de douanes, elle nous donne les plus précieuses indications sur le prix réel des marchandises.

Les comptes de l' « Income tax » nous donnent le tableau des revenus suivants pour le Royaume-Uni.

	1876 mille livres	1894 mille livres
Revenu de la propriété non bâtie. .	67.014	56.212
Revenu de la propriété bâtie . . .	96.860	149.726

Si les revenus de la propriété bâtie ont augmenté dans la proportion de 55 0/0, ceux de la propriété non bâtie ont diminué dans la proportion de 16 0/0.

On remarquera que les revenus de la propriété bâtie sont de beaucoup supérieurs en 1876 comme en 1894 à ceux de la propriété non bâtie.

Nous n'avons ici que le revenu. Il est probable que la valeur vénale n'a pas baissé dans une aussi forte proportion. Que prouve cette baisse? C'est que la propriété anglaise, immobilisée par ses majorats et ses substitutions, n'a pas su faire face aux nouvelles conditions exigées par la culture. Cette baisse de valeur d'un capital fixe aussi considérable accuse un arrêt dans son progrès économique, sur ce point. La hausse dans le revenu de la propriété bâtie accuse, au contraire, le développement continu de la richesse du peuple anglais.

Voici les chiffres pour un certain nombre de produits, d'après les *index numbers* de *the Economist*.

La base de 100 représente le prix moyen des six années 1845-1850. Les chiffres suivants sont calculés en plus ou en moins sur cette base.

		1845-1850 0/0			
		1er janvier 1858	1er janvier 1870	1er janvier 1880	1er janvier 1896
AUGMENTATION	Café..	114	134	151	172
	Viande de boucherie	114	123	119	136
	Indigo.	163	151	205	123
	Cuir..	130	128	144	139
	Tabac.	195	167	180	233
DIMINUTION	Sucre.	83	83	70	30
	Thé.	140	102	141	55
	Blé.	90	80	88	47
	Coton en laine.	73	173	110	70
	Soie..	156	174	135	86
	Lin et chanvre.	113	116	78	69
	Laine.	105	96	117	96
	Huile.	121	126	106	74
	Bois.	100	99	105	98
	Suif.	118	105	102	94
	Cuivre.	121	83	81	52
	Fer.	110	88	92	73
	Plomb.	121	109	112	66
	Étain.	127	138	109	77
	Fils de coton.	123	154	110	76
	Tissus de coton.	99	135	95	76

Que prouvent ces chiffres? Je ferai remarquer tout d'abord que la base représente le prix très bas des années 1848, 1849, 1850, 1851, et cependant ils indiquent une tendance à la baisse de tous les capitaux circulants, en raison de l'abaissement du prix de la production et des moyens de transport. Les seuls produits dont le prix augmente sont ceux dont la production, limitée pour une cause quelconque, n'a pas suffi au développement de la consommation. Tandis que les cultivateurs gémissent sur l'abaissement du prix du blé, ils oublient toujours de parler de l'augmentation du prix de la viande. Les bimétallistes n'expliquent pas pourquoi ni comment si la suspension de la frappe de l'argent fait baisser le prix du blé, elle fait monter le prix de la viande!

Relativement à cette base de 1845-1850, au 1er janvier 1858, le blé était à un prix inférieur à celui de 1845-50, et cependant l'abondance de la production de l'or aurait dû en faire monter le prix!

Le coton en laine était au-dessous des prix de 1845-1850 ; et cependant les mines d'or avaient été découvertes!

La hausse des prix pour les autres marchandises venait-elle donc de la découverte des mines d'or de la Californie?

Qu'on jette un coup d'œil sur l'histoire économique de l'époque et on verra de suite les motifs de cette hausse. C'était le moment où les chemins de fer achevaient leur réseau en Angleterre et commençaient à se développer dans le reste du monde; où la navigation à vapeur intervenait dans les transactions. Il y avait une activité considérable partout; ni les moyens de production ni les moyens de transport n'étaient pas encore à même, pour la plupart des produits, de répondre à la demande.

Les bimétallistes exploitent beaucoup les *index numbers* que M. Sauerbreck a faits à l'imitation de ceux de l'*Economist*. Il a pris 45 marchandises, il en a réuni les prix et a constitué une base de 100 pour la période 1857-1869.

La ligne des prix réels coupe tantôt en haut tantôt en bas la ligne de base tracée par M. Sauerbreck de 1857 à 1869. Très basse en 1858 elle remonte très haut, avec des à-coups, en 1864; elle redescend au milieu de l'année 1870 et elle remonte brusquement en 1871, 1872 et 1873 où elle atteint son maximum. Voici les *index numbers* indiqués pour ces années :

PRIX MOYEN DE CHAQUE ANNÉE

Année	Prix	Année	Prix
1843.	83	1864.	105
1847.	93	1870.	96
1848.	74	1871.	100
1854.	102	1872.	109
1855.	101	1873.	111
1857.	105	1875.	96
1858.	91	1878.	82
1859.	92	1880.	88
1860.	97	1886.	68
1861.	98	1888-1890. . .	72
1862.	101	1894.	63

MOYENNE SCHÉMATIQUE PAR PÉRIODE DE DIX ANS

1838-1847. . .	93	1854-1863. . .	100
1840-1849. . .	88	1859-1868. . .	100
1843-1852. . .	83	1861-1870. . .	100
1848-1857. . .	89	1865-1874. . .	102
1849-1858. . .	98	1870-1879. . .	97
1850-1859. . .	92	1874-1883. . .	90
1851-1860. . .	94	1879-1888. . .	78
1853-1862. . .	99	1885-1894. . .	69

On voit combien ces moyennes de dix ans sont faites arbitrairement. Il suffit de comprendre les années de la révolution de 1848 pour abaisser immédiatement les moyennes antérieures à 1851, ou négliger des années de baisse comme 1858 et on fait une moyenne de 100; on associe les années de hausse comme celles qui ont suivi la guerre de 1870; on les mêle aux années 1866-1870 qui étaient des années de baisse et on relève la moyenne à 102. La baisse se produit ensuite. On lui donne une courbe régulière en négligeant tous les à-coups qui portent soit sur telle ou telle marchandise, soit sur telle ou telle année. C'est là le procédé d'un homme qui, passionné pour la régularité, l'obtient par un procédé artificiel.

Mais si au lieu de faire la moyenne au point de vue du temps, admettant comme exactes les moyennes obtenues en groupant 45 marchandises choisies plus ou moins arbitrairement, nous constatons les effets suivants :

1847. — Mauvaise récolte. M. Sauerbreck constate un prix très élevé, 95, grâce à la part que prend le prix du blé dans les 45 articles qu'il a groupés : car le haut prix du blé a entraîné une baisse pour les autres produits. Si le consommateur est obligé de dépenser 100 francs au lieu de 50 pour son pain, c'est 50 francs de moins qu'il mettra à acheter des souliers, du linge, des robes ou des pantalons.

La révolution de 48 éclate : les prix tombent ; c'est à qui se resteindra ; on ne fait plus de luxe ; on n'achète pas : les uns, parce que le travail étant suspendu n'ont pas de salaires ; les autres, parce que leurs revenus sont diminués ; tous enfin parce qu'ils économisent le plus possible en prévision des événements qu'ils redoutent. Cette baisse était le résultat des agitations politiques qui troublaient toute l'Europe.

La quantité des métaux précieux monnayés n'avait pas plus d'influence sur cette baisse qu'elle n'en a eu sur la hausse qui a suivi. On s'était privé, on avait besoin de se réapprovisionner. La demande dépassait d'autant plus l'offre que tous les producteurs, menacés, inquiets, avaient réduit leur production au minimum et loin de développer leur outillage, l'avaient à peine entretenu.

Tous les gens qui avaient économisé, qui n'avaient renouvelé ni leur mobilier, ni leur garde-robe, qui n'avaient pas réparé leurs immeubles ou n'en avaient pas construit, tous les consommateurs, en un mot, demandent des produits dont ils ont besoin

Alors les prix remontent de 78 à 100., en deux ans, 1853-1854. Rien d'extraordinaire.

La guerre de Crimée éclate : quoique éloignée des centres de grande consommation, elle produit des inquiétudes : la consommation se restreint, une baisse en résulte. La guerre est terminée. On s'était privé pendant deux ans. Il faut réparer ces privations, la demande abonde. Les prix s'élèvent à 105. Puis arrivent la révolte de l'Inde, la guerre d'Italie : de nouveau, la consommation se resserre. Les prix tombent pour remonter après. La guerre d'Amérique provoque en Europe la famine du coton. Son prix relève la moyenne. La guerre de 1866 survient. Elle abaisse la consommation. Puis la guerre de 1870 éclate. Alors a lieu une gigantesque destruction de capitaux. Aussitôt la guerre finie, États et particuliers doivent réparer les ruines accumulées. Les prix s'élèvent et se rapprochent des prix de 1820. Les ruines sont réparées ; il n'y a plus de guerres en Europe, car la campagne de Plewna a eu peu de répercussion. Tous les moyens accumulés par la science et l'industrie depuis vingt ans sont en action. Les prix baissent avec des oscillations, toutefois. En 1879. il y a une baisse plus accentuée; pourquoi ? parce que la récolte a été mauvaise. On a restreint ses achats. L'année suivante les prix remontent à un chiffre supérieur à celui de l'année précédente. Pourquoi ? toujours le même phénomène, on avait moins acheté l'année précédente : on était en retard d'un an. Il a fallu se rattraper. La demande a abondé. Les *index numbers* de M. A. Sauerberck ne prouvent rien en faveur du bimétallisme. Il démontreraient au contraire le peu d'influence qu'ont les variations de la production des métaux précieux sur les cours. Cette influence deviendra de plus en plus petite au fur et à mesure que les instruments de crédit se perfectionneront, puisque l'or n'est plus qu'un appoint presque insignifiant dans les échanges internationaux.

VI.

Nous allons vérifier les mêmes faits aux États-Unis. Pour les établir, je vais me servir, outre des communications de M. Porter, le directeur du *Census* de 1890, de deux ouvrages de premier ordre : *Industrial evolution of the united states* par Carroll-D. Wright, commissaire du travail aux États-Unis et de *Money and prices* de M. Schoenhof, ancien consul des États-Unis en Angleterre, qui a fait de nombreuses enquêtes en Europe aussi bien qu'aux États-Unis.

M. Schoenhof partage complètement ma manière de voir sur l'influence de la monnaie sur les prix[1].

Dès les premières lignes de son premier chapitre,

1. Je l'avais exposée dans la *Science économique*, dont la 1re édition a paru en 1881.

il signale le préjugé d'après lequel les prix monteraient ou baisseraient d'après l'augmentation ou la diminution de la monnaie. Et en effet, « pendant la guerre de la sécession, l'usage du papier-monnaie doubla et tripla les prix. » C'est une expérience plus limitée que celle des assignats. « Le fait prouve, ajoute M. Schoenhof, que le pouvoir d'achat de la monnaie avait diminué. » Voilà tout.

Si nous prenons les grands nombres et les grandes périodes, en faisant abstraction des accidents de chaque jour, nous trouvons, comme en France et en Angleterre, le même phénomène : augmentation de valeur des capitaux fixes ; diminution de valeur des capitaux circulants. Voici les progrès de la valeur des capitaux fixes — propriété foncière, bétail, mines et carrières, machines, chemins de fer, télégraphes, téléphones, marine, canaux[1] :

	En millions de dollars
	—
1850.	7.135
1860.	16.159
1870.	30.068
1880.	43.642
1890.	65.037

	1880 dollars	1890 dollars
	—	—
Valeur moyenne de l'acre de terre cultivée.	19.02	21.31
En plus.	2.29	

1. Dans ce total sont compris aussi les métaux précieux monnayés qu'il faudrait déduire. Ils comptent en 1890 pour 1.158 millions de dollars.

Les capitaux circulants baissent de prix.

D'après un rapport fait à la commission des finances du Sénat des États-Unis, sur les prix de 222 articles de consommations importantes de 1840 à 1890, on trouve pour l'ensemble, si on prend les prix de 1860 pour 100, les différences suivantes: en 1840 — 97,7 ; en 1866 (période de la guerre et du papier monnaie) 187,7 ; en 1890, 94,4[1].

VII.

On peut dire que, depuis le commencement du siècle, le prix des capitaux circulants a toujours eu une tendance à baisser, et pour une excellente raison : c'est que le pouvoir de production augmente, que les moyens de transport se développent et que, par conséquent, il y a forcément une baisse sur les produits. Il n'y a pas de remède contre cette baisse. Non seulement il n'y a pas de remède, mais c'est la caractéristique la plus nette du progrès. Ou plutôt, il y a un remède : c'est la destruction des capitaux par une guerre et la substitution du papier-monnaie à la bonne monnaie. Ceux qui gémissent de la baisse des prix gémissent des progrès de la science, de la production, des moyens de transport, de l'accumulation des capi-

1. Carroll Wright, p. 226.

taux, de la sécurité des échanges. Une bonne guerre qui consomme beaucoup de milliards, arrête la production, force des pays à avoir recours au papier-monnaie, ou une bonne révolution qui détruise les usines, les manufactures, pendant deux ou trois ans, dans beaucoup de pays, comme en 1848, voilà ce qui serait plus efficace que les tarifs de douane pour le relèvement des prix ; tels sont les remèdes que devraient réclamer les protectionnistes, si la pudeur ne contrariait pas leur logique.

VIII.

En dépit des droits de douane, le développement des moyens de transport, la sécurité des transactions, l'organisation des bourses de commerce, ont eu pour sésultat de niveler les prix. Ainsi, en 1859, il y avait un écart de 4 fr. 61 entre les prix du blé des neuf régions agricoles de la France. Cette différence s'abaisse à 3 fr. 65, à 2 fr. 66, à 2 fr. 71, à 2 fr. 53, et maintenant vous trouvez une différence de 1 ou 2 francs relativement par quintal.

De même sur les marchés, entre la France, New-York et Odessa, il y a eu des écarts de 17 francs, de 22 francs, et maintenant les écarts deviennent de plus en plus petits. Ainsi je prends les cours du 7 février 1894. A Paris, le blé vaut 19 francs le quintal ; à New-York, il vaut 15 fr. 96. Voilà donc une différence de 3 fr. 04, et le change sur Londres est de 4 fr. 87, le change sur Paris est de 5 fr. 18, soit 0 fr. 82 par quintal ; si vous y ajoutez le fret, vous pouvez voir qu'en dépit des droits de douane, les prix tendent à atteindre le même niveau.

IX.

Il est évident que tous les chiffres, que je viens de citer, présentent un certain arbitraire, mais, pris dans leur ensemble, ils démontrent la loi que j'avais indiquée dans le chapitre précédent : la richesse d'un pays est en raison de la baisse des prix des capitaux circulants et de l'augmentation de la valeur des capitaux fixes.

CHAPITRE VII.

LES ABERRATIONS PROTECTIONNISTES.

I. L'aberration protectionniste est une survivance. — Adam Smith n'osant rêver l'établissement du libre-échange. — Éliminations successives. — Le libre-échange en Angleterre. — Le protectionnisme à l'intérieur. — Préjugés protectionnistes. — La réciprocité. — *Quand vous achetez à un marchand, ce n'est pas pour son utilité, mais pour la vôtre.* — De même quand vous achetez à un autre pays. — En mettant des tarifs de douane pour punir un pays, c'est vous qui vous mettez en pénitence. — Se condamner à une amende à l'État quand on achète à un pays étranger. — Obliger tout salarié à travailler plus pour recevoir moins. — II. Les chiffres de douanes. — Cinq périodes de notre commerce extérieur. — Quantités et valeurs. — Comparer de la houille et des diamants. — Du blé et de la vanille. — Les quantités et les valeurs à l'importation et à l'exportation. — La balance du commerce. — Valeur de la tonne exportée et valeur de la tonne importée. — La France importe des objets d'alimentation et des matières premières : elle exporte des objets manufacturés. — Absurdité du protectionnisme à son égard. — Le vin que nous importons et le vin que nous exportons. — Les fromages — III. Développement des exportations en 1895. — Conséquences d'un retour à la liberté en Suisse et aux États-Unis. — Les industries qui en ont profité sont les industries qui protestent contre la protection. — Preuves. — IV. Répercussion des droits de douane sur le consommateur. — Diminution du pouvoir d'achat de chacun. — Restriction des débouchés non seulement à l'extérieur, mais à l'intérieur. — Exemples : la Compagnie générale des voitures et la Compagnie des omnibus. — Effet de la suppression du tarif sur les laines en masse aux États-Unis. — V. La protection est une augmentation de l'effort. — Elle frappe d'atrophie les industries protégées. — Les béquilles de Colbert. — La boulimie de la protection. — Le cadenas. — On ne doit d'impôt qu'à l'État.

Dans le dernier chapitre, j'ai montré, par des

chiffres, la thèse que j'avais développée sur la valeur relative des capitaux fixes et des capitaux circulants.

I.

Maintenant, je vais examiner les aberrations protectionnistes ; ces aberrations ne sont que des survivances. La notion de l'échange, que j'ai formulée dans le second chapitre, date d'hier, et, aujourd'hui encore, elle se dégage très peu des diverses notions que nous pouvons avoir des questions économiques.

Il y a un siècle, en 1776, quand Adam Smith écrivait son grand *Traité de la richesse des nations,* il disait que « s'attendre que la liberté du commerce puisse jamais être entièrement rendue à la Grande-Bretagne, ce serait une aussi grande folie que de s'attendre à y voir jamais réaliser la république d'Utopie ou celle de l'Océana. »

Cependant, dès 1820, une pétition des marchands de Londres reconnaissait les avantages d'une concurrence illimitée et, successivement, en Angleterre, on a aboli les systèmes prohibitifs ; le rappel des *Corn laws* eut lieu le 26 juin 1846 ; en 1849, l'Angleterre supprima l'Acte de navigation.

Avant la réforme douanière, les droits de douane en Angleterre frappaient 1,142 objets : maintenant ils n'en atteignent pas une douzaine : le thé, le café, le cacao, le tabac, la chicorée, les fruits secs, les alcools et le vin. Ce sont des droits d'accise : aucun n'a pour objet de protéger un produit national.

La Hollande ouvrit ses portes à la libre concurrence des pavillons en 1850. L'Autriche abaissa ses tarifs en 1851 et 1853. La Russie réduisit les siens de 1850 à 1857.

La Belgique abolit les droits différentiels de 1856 à 1857.

La France arriva enfin au régime des traités de commerce en 1860 ; et ce régime, modifié déjà en 1881, a disparu en 1892.

Je signale ces dates pour montrer que, si nous avons encore beaucoup de préjugés à l'égard du commerce, ce n'est pas étonnant, car la notion de l'échange n'est entrée dans les faits que depuis une période à peine cinquantenaire. Partout nous trouvons des préjugés relatifs au commerce international. On reconnaît bien que, dans un pays, nul ne peut vivre qu'à la condition de vendre et d'acheter. Quoiqu'il y ait des symptômes de protection intérieure, quoique nous voyions, à Paris, le Conseil municipal vouloir faire servir l'octroi à un système de protection pour « le travail parisien », il est peu de personnes qui osent cependant soutenir ouvertement que, dans un pays, l'État doit intervenir pour déterminer les prix auxquels doit vendre un producteur à un consommateur, pour protéger un département aux dépens d'un autre.

Mais, tandis que cette notion disparaît à l'égard du commerce intérieur, elle existe encore relativement au commerce extérieur. Personne n'oserait dire qu'on doive établir des droits de douane entre Mâcon et Paris. On considère qu'il est extrêmement avantageux, pour le département de Saône-et-Loire, de vendre à Paris les bœufs du Charolais et, pour les Parisiens, de les consommer. Et cependant, quoique Mâcon soit beaucoup plus rapproché de la Suisse, on trouve tout à fait naturel qu'il y ait une barrière de douane entre les bœufs du Charolais et la Suisse, et entre les fromages de Gruyère et Mâcon.

Il n'y a qu'un pays, jusqu'à présent, qui ait accepté franchement la liberté commerciale avec toutes ses conséquences : c'est l'Angleterre; mais en France, à tout instant, même chez les personnes qui paraissent animées d'intentions libérales relativement à nos relations commerciales extérieures, nous voyons se manifester des préjugés qui prouvent que, si elles ont des instincts qu'on pourrait appeler libre-échangistes, elles ont la théorie protectionniste.

Ainsi, nous entendons parler, par exemple, de la réciprocité. La réciprocité fait supposer, d'abord, qu'on échange des équivalents, ce qui n'est pas vrai; on n'échange pas d'équivalents; on ne va pas chercher chez le voisin ce qu'on produit soi-même : si on le produit, on l'a sur les lieux; si on le produit à aussi bon marché, on le prend chez soi ; par conséquent, on n'a pas besoin de s'adresser au voisin pour le prendre. Si, au contraire, on produit plus chèrement, il est absolument inutile d'avoir des tarifs de réciprocité : le voisin n'achètera pas.

Mais que signifie donc ce mot de réciprocité ? Il suppose que, lorsque vous achetez des marchandises à un pays étranger, c'est pour l'avantage de ce pays étranger. Pas du tout ! Quand vous achetez des marchandises dans un magasin quelconque, vous ne pensez certainement pas aux avantages de ce magasin. Ce n'est pas pour faire plaisir au Bon Marché ou au Louvre que vous y faites tel ou tel achat. Si vous achetez tel et tel objet, ce n'est pas pour faire vivre ce magasin. C'est parce que vous en avez besoin ; c'est pour répondre au désir que vous avez ; c'est pour votre propre satisfaction ; ce n'est pas pour la satisfaction de votre vendeur.

Lorsque vous mettez des tarifs de douane, pour punir un pays voisin d'en mettre de son côté, qu'est-ce que vous faites ? Vous vous mettez en pénitence, pas autre chose ; vous dites ceci : « Ah ! voilà un pays qui met des tarifs de douane, alors nous allons mettre des tarifs de douane sur les produits qu'il peut nous envoyer, et il sera bien attrapé ! » — Mais c'est vous qui êtes attrapé ! car, apparemment, si vous achetez ces produits-là, c'est que vous en avez besoin ; ce n'est pas pour faire plaisir à ce pays que vous les achetez et que vous les payez : c'est pour votre satisfaction, et si vous mettez un tarif de douane, comme barrière entre votre désir et l'objet que vous procure ce pays, vous pouvez évidemment nuire à ce pays en vous supprimant comme clients, mais vous vous nuisez encore bien plus à vous-mêmes, puisque c'est vous qui vous obligez à payer au-dessus de leur valeur les objets que pourrait vous donner ce pays ! Si nous transposions cette théorie du domaine international aux actes de tous les jours, nous la trouverions absurde. Nous n'irions pas dire : « Ah ! voilà un magasin qui nous déplaît ; seulement comme il produit ce que nous désirons, nous paierons une amende à l'État, chaque fois que nous irons acheter chez lui. » C'est cependant le système qu'on appelle le système protectionniste ; c'est celui que nous appliquons ; c'est celui qu'on entend développer dans les Chambres ; c'est celui qui entraîne la majorité des Français et de la plupart des populations des autres pays à sa suite, et vous entendez appeler « hommes compétents » des hommes qui viennent vous développer cette thèse qui se résume en un mot : *pour mettre en pénitence un pays qui produit à trop bon marché, nous imposer l'obligation d'acheter ses produits très cher*. Mais c'est nous que nous frappons, et n'est-ce pas là précisément le contraire de toute l'évolution économique de l'humanité ? Alors que nous essayons, par tous les moyens possibles, de nous procurer le plus de satisfactions au moindre prix, avec un minimum d'efforts ; alors que toute la science, que toute l'industrie, que tout le commerce, que toute la finance s'ingénient à abaisser les barrières et à mettre à notre disposition les objets dont nous avons besoin, nous élevons des tarifs de douane afin de nous obliger à faire le maximum d'efforts pour obtenir le minimum d'utilités.

Un produit comme le blé est frappé d'un droit qui, lorsqu'il joue pleinement, augmente la valeur du pain de 60 0/0, mettons 50 0/0. A Paris, la consommation par tête est de 450 grammes par jour et par habitant: mais les ouvriers manuels mangent plus de pain que les gens de bureau. Ce n'est pas exagérer que de compter 500 grammes par jour: pour un ménage de 4 personnes, c'est un pain de 2 kilogrammes, soit de 0 fr. 80. Si l'homme gagne 0 fr. 40 par heure, il lui faut donc 2 heures pour gagner le pain de la journée pour sa famille. Le droit de douane disparaît: le prix du pain peut être abaissé d'un tiers, l'homme n'a plus besoin de travailler que 80 minutes au lieu de 120 pour se procurer la même quantité de pain.

En un mot ce qu'on appelle la protection du travail national consiste à obliger tout salarié à donner, selon l'élévation du droit de douane, 20, 30, 60, quelquefois 100 0/0 du produit de son travail de plus qu'il ne lui serait nécessaire pour se procurer les objets dont il a besoin.

II.

Les protectionnistes disent : « Oui, oui, c'est bon en théorie, mais en pratique cela n'est pas vrai. » Et alors, sous prétexte qu'en pratique cela n'est pas vrai, ils invoquent des chiffres de douane... quand ils leur sont favorables... ils ont bien soin de les négliger quand ils leur sont défavorables.

En France, nous n'avons jamais eu le libre-échange complet, car les tarifs de douane de 1860 représentaient encore des tarifs assez élevés sur beaucoup d'objets.

En 1881, on a relevé les droits en les transformant de droits *ad valorem* en droits spécifiques. Cela n'avait l'air de rien, mais, en réalité, c'était un relèvement considérable, surtout sur les produits bon marché, par conséquent les produits de grande consommation.

Enfin vous connaissez les tarifs de 1892, dont quelques-uns sont prohibitifs ; vous connaissez la suppression de toute espèce de traités de commerce avec les autres pays. Si nous examinons les résultats de cette politique, nous allons constater les faits suivants. Prenons cinq périodes :

1° La période quinquennale 1855-1859, avant les traités de commerce de 1860.

Là, nous trouvons que le commerce général

était de 5,038 millions; que le commerce spécial était de 3,626 millions, moyenne annuelle.

Deuxième période, la période quinquennale de 1861-1865, qui a suivi les traités de commerce.

Ici le commerce général est de 6,680 millions; le commerce spécial de 5,012 millions.

Il y a donc une augmentation considérable entre ces deux périodes.

Maintenant prenons la période quinquennale 1876-1880, qui est la dernière période du régime inauguré en 1860 : commerce général, 9,634 millions ; commerce spécial, 7,670 millions.

Puis la réaction économique se produit en 1881.

Prenons la période 1882-1886, nous trouvons : commerce général, 9,775 millions; commerce spécial, 7,772 millions; c'est la stagnation.

La période de 1887-1891 augmente un peu, grâce à nos travaux publics, à l'activité qui se développe, aux capitaux qui s'accumulent.

Nous avons 9,950 millions au commerce général ; commerce spécial, 7,834 millions.

Puis vient la suppression des traités de commerce en 1892, et alors, en 1894, nous retombons à 8,919 millions, commerce général, et à 6,928 millions, commerce spécial.

Si nous comparons le chiffre du commerce général de 1894 et celui de la période 1876-1880, nous trouvons en moins 715 millions ou 7,4 0/0.

Au commerce spécial, nous trouvons en moins 742 millions, ou 9,6 0/0.

Par conséquent, au lieu que notre commerce se soit développé, depuis cette période de 1876-1880, nous constatons un arrêt ; et lorsqu'il y a arrêt, il y a recul. Tandis que vous restez immobiles, les autres marchent.

Nous venons de parler des valeurs : les protectionnistes nous disent maintenant : il faut parler des quantités. J'ai montré que, si nous comparions les évaluations provisoires des tarifs de douane avec les évaluations définitives qui indiquent le prix pour chaque année, nous arrivions à des chiffres qui, depuis 1873, arrivaient à 40 0/0, mais il ne faut pas cependant abuser de cette manière de compter dans les tarifs de douane.

J'ai déjà rappelé que, lorsqu'on discuta les tarifs de 1892, M. Aynard fit cette observation aux protectionnistes qui prétendaient que les traités de commerce de 1860 avaient été loin de produire des avantages, puisqu'il y avait eu une baisse dans les valeurs sur un certain nombre de produits. M. Aynard insistait ; il disait : « C'est vrai, il y a eu baisse sur les valeurs, mais il n'y a pas eu baisse sur les échanges ; il n'y a pas eu baisse sur la quantité des objets, mais il y a eu diminution des prix. » A ce moment-là, les protectionnistes ne tenaient aucun compte de cet argument. Comme, maintenant, en dépit de leurs tarifs cette baisse se produit, alors, ils mettent au premier rang cet argument et ils ne cessent de dire : « Il ne faut pas comparer la valeur, il faut comparer la quantité des objets. » Soit, mais comparer la quantité des objets est un travail extrêmement difficile.

Dans l'ensemble du commerce extérieur d'un pays comme la France, est-ce que nous pouvons comparer la valeur des tonnes de houille et des tonnes de soie? Est-ce que nous pouvons comparer la valeur des tonnes de minerai et des tonnes de diamant? Rien qu'en opposant ces deux mots-là, je montre l'impossibilité de calculer de cette manière. On ne vend pas les diamants à la tonne, on ne vend pas les soieries à la tonne. Il y a donc une très grande différence entre des objets manufacturés, des objets d'une grande valeur, de la bijouterie, et, au contraire, des objets très lourds, représentant beaucoup de tonnes et une petite valeur.

Ces réserves faites, je ne demande pas mieux que d'examiner des chiffres à ce point de vue, en me servant des chiffres établis par la commission des valeurs de douanes.

En 1890 et 1894, le blé est estimé 20 fr. 50 le quintal, et la vanille est estimée 42 francs le kilogramme. Il n'y a pas de comparaison possible. De plus, il n'y en a pas, au point de vue de leur importance réciproque dans la consommation.

En 1890 et 1894, une différence en moins à l'exportation des soieries unies et brochées se traduit par une différence, en poids, de 150 tonnes, et, en valeur, de 40 millions de francs, ce qui met la tonne à 250,000 francs, tandis qu'au contraire la tonne de blé représente 250 francs.

Maintenant prenons le poids global : 1890, tonnes, importations, 22,706,000 ; exportations, 6,740,000 ; 1894, importations, 23,390,000 ; exportations 6,650,000 ; différence : les tonnes en plus à l'importation sont de 684,000, et, à l'exportation, sont, en moins, de 90,000.

Les importations, en poids, ont augmenté de 684,000 tonnes et les exportations ont diminué de 90,000 tonnes ; or, quelle est la prétention de la politique protectionniste ? C'est d'empêcher l'importation. Un pays doit se suffire à lui-même et, par conséquent, il ne doit pas importer.

Tous les mois, encore, il y a des journaux qui, en publiant les chiffres du commerce extérieur, disent très sérieusement quand les importations diminuent et quand les exportations augmentent : « La balance du commerce s'est améliorée. » C'est l'expression du préjugé, qu'on peut acheter sans vendre, qu'un pays est très malheureux quand il importe et n'est heureux que quand il exporte. Les protectionnistes se donnent pour but, par des tarifs de douane, de diminuer les importations et d'augmenter les exportations. Nous voyons, par les chiffres que je viens d'indiquer, que cette théorie s'est traduite par une déception complète, puisque, en quantité, et non pas en valeur, les exportations ont diminué, tandis que les importations ont augmenté.

1894 : Importations, 3,850 millions de francs ; exportations, 3,078 millions.

Voilà donc une différence de 772 millions de francs entre les importations et les exportations. Cette différence est en faveur des importations. Retenons cette différence : 772 millions.

Maintenant, prenons les chiffres en poids : importations, tonnes, 23,390,000 ; exportations, 6,650,000 tonnes : total, 30,040,000 tonnes.

En poids, les exportations comptent donc pour 22 0/0 ; les importations pour 78 0/0, alors que la différence, en valeur, n'est que de 772 millions, sur 7 milliards, soit 11 0/0.

La valeur de la tonne exportée est de 460 francs ; la valeur de la tonne importée est de 164 francs : différence, 296 francs.

La valeur de la tonne exportée est donc de 180 0/0 supérieure à celle de la valeur de la tonne importée.

S'il y a une pareille différence de valeur entre la tonne importée et la tonne exportée, cela prouve que les objets que nous importons sont des matières premières, des aliments, des objets indispensables pour notre production.

Qu'est-ce que nous exportons ? Nous exportons des objets relativement de luxe. Par conséquent, notre avantage n'est-il pas d'importer, au plus bas prix possible, les objets d'alimentation, les matières nécessaires à l'industrie, de manière que nous puissions produire, au plus bas prix possible, les objets que nous pouvons exporter ?

Voilà, évidemment, la conclusion qui ressort des chiffres que je viens d'indiquer.

Maintenant, si j'arrive à leur analyse, les faits, immédiatement, confirment cette thèse.

Quels sont les onze objets dont l'importation dépasse cent millions de francs?

Céréales, 363 millions.

Le chiffre peut varier d'une année à l'autre, selon la récolte, selon les besoins, mais je prends ceux de l'année 1894, où l'importation des céréales a été relativement peu considérable.

Laines en masse (matière première), 317 millions; graines et fruits oléagineux (matière première), 198 millions; soies et bourres de soie (matière première), 182 millions; houille crue et carbonisée (matière première), 171 millions; cotons en laine (matière première), 168 millions; bois communs (matière première), 147 millions; cafés (objet d'alimentation) que nous ne produisons pas, à coup sûr, 146 millions; vins, 144 millions.

Bestiaux. . . . . 132 millions;

Peaux et pelleteries brutes. . . 115 millions.

Comparons les onze premiers objets, d'après leur ordre d'importance, que nous exportons, et nous trouvons des objets fabriqués :

Tissus de laine. . . . . 242 millions;

Vins. . . . . 232 millions.

Je m'arrête ici pour montrer la différence des vins que nous importons et que nous exportons : les 4,495,000 hectolitres de vins que nous avons importés en 1894 valaient 144 millions, ils représentaient 32 fr. 20 l'hectolitre. C'étaient des matières premières. Nous n'en avons exporté que 1,724,000 hectolitres et, cependant, tandis que la valeur de notre importation n'était que de 144 millions de francs, celle de notre exportation de vin était de 232 millions. Les vins que nous exportions valaient 125 francs, en moyenne, l'hectolitre, tandis que ceux que nous importions valaient 32 fr. 20, soit une différence de 93 fr. 80, ou 75 0/0 en faveur du prix de nos vins.

Voilà le caractère de notre importation. Nous importons des vins à bon marché pour notre consommation, ou bien, parce que nous sommes très habiles cuisiniers et que nous savons admirablement couper nos vins avec des vins étrangers, nous leur donnons, avec notre marque de fabrique, des qualités qu'ils n'avaient pas et nous les réexportons comme vins de France. Lorsque nous nous mettons en pénitence et lorque nous empêchons l'exportation de ces vins-là, qui valent 32 francs l'hectolitre à l'entrée et que nous revendons 125 francs, nous nous nuisons à nous-mêmes.

Nous nous nuisons à nous-mêmes d'une autre manière : autrefois il n'y avait, pour le vin, qu'un marché dans le monde ; il fallait qu'un vin eût pris la marque de fabrique française ; tandis que, du moment que nous avons établi des droits sur les vins, les étrangers se disent qu'ils peuvent acheter du vin à meilleur marché ailleurs, puisque nous sommes obligés de nous protéger. De plus, des Français eux-mêmes, gênés dans leur commerce, pour importer des vins à Bordeaux ou à Paris, sont allés en Italie et en Espagne. Un Français même a eu la bonne idée, à son point de vue spécial, de faire ouvrir dans ce dernier pays des entrepôts dans lesquels on reçoit des vins français, en franchise, et qui repartent ensuite coupés avec des vins espagnols. Nous avons appris à nos clients du dehors qu'ils pouvaient se procurer des vins ailleurs qu'en France. Quand un pays a la chance d'avoir concentré un commerce sur son territoire, il doit le garder précieusement, il ne doit pas signifier aux étrangers qu'il y a d'autres marchés où ils peuvent s'approvisionner à des conditions plus avantageuses.

Tissus de soie et bourres de soie, 223 millions, tandis que nous en avons importé pour 182 millions : c'étaient des matières premières, tandis que ce que nous exportons, ce sont des produits fabriqués.

Tabletterie, bimbelotterie.	154.000.000
Laines, laines teintes, etc.	123.000.000
Tissus de coton.	113.000.000
Vêtements et lingerie.	101.000.000
Soies.	89.000.000
Peaux préparées.	81.000.000
Ouvrages en peau et en cuir. . . .	80.000.000
Fromages et beurre.	65.000.000

Je retiens encore ce chiffre de fromages et de beurres ; nous en importons, mais il y a une très grande différence entre les fromages que nous importons et les fromages que nous vendons, quoique cependant nous importions des fromages de première qualité, que nous ne parvenons pas à imiter, comme le fromage de Gruyère. Nous avons importé 14,591,000 kilogrammes de fromage, valant 19,407,000 francs, mais nous en avons exporté 5,018,000, valant 8,530,000 francs. Ainsi le fromage que nous importons vaut 1 fr. 30, tandis que celui que nous exportons vaut 1 fr. 70, soit une différence de 31 0/0. Nous exportons des roqueforts, des fromages de première qualité, et les fromages que nous expédions valent plus que les fromages que nous importons.

En un mot, nous importons des marchandises bon marché, nous exportons des marchandises chères, et quand nous refusons de laisser entrer librement en France des marchandises bon marché, matières premières et objets d'alimentation, nous agissons contre nos intérêts les plus évidents, nous augmentons le prix de la vie, nous augmentons nos prix de fabrication ; forcément, il en résulte malaise pour la population, augmentation de notre prix de production et, quand nos produits sortent, ils se trouvent, sur les marchés extérieurs, en concurrence avec les produits des autres nations. Nous sommes exactement comme un cheval de course qui serait surchargé. C'est nous-mêmes qui nous imposons cette surcharge.

III.

Je prends les chiffres de l'année 1895 : ce sont des chiffres provisoires, le tableau définitif du commerce n'ayant pas encore paru. Les valeurs sont établies au même taux que celles de 1894. A en juger par les évaluations du commerce anglais qui se font au fur et à mesure, les chiffres définitifs accuseront une baisse de 4 à 5 0/0 sur les prix que je vais donner. Mais je prends les chiffres du commerce de 1895, parce que M. Méline en a tiré une conséquence que j'ai rectifiée immédiatement, et il n'a pas répondu à ma rectification. Il y a eu, cette année, en 1895, un développement de notre exportation, et alors M. Méline et ses partisans se sont empressés de dire : « Mais vous voyez, il y a eu une augmentation d'exportation, » et ils ont attribué cette augmentation d'exportation au bienfait des tarifs de 1892. Ce serait extraordinaire qu'ayant augmenté les frais de production, toute leur théorie ayant pour but de restreindre le marché et de le concentrer chez nous ; toute leur théorie ayant pour but de nous brouiller avec les autres nations, eût abouti à une augmentation d'exportation !

Examinons les chiffres. Il y a eu, en effet, une augmentation d'exportation de 310 millions : voyons comment elle se décompose.

Tissus de laine, 1895.	318.530.000
— 1894.	242.245.000
Soit une différence de.. . . .	76.285.000

Fils de laine, 1895..	28.000.000
— 1894..	18.000.000
Soit une différence de.. . . .	10.000.000

Tissus de soie et bourres de soie, 1895. .	259.500.000
— — 1894. .	223.000.000
Différence.	36.500.000

Modes et fleurs artificielles, 1895.. . .	66.343.000
— 1894.. . .	48.000.000
Différence.	17.594.000

Ces quatre industries représentent donc une augmentation de 139 millions sur les 310 millions d'augmentation des exportations, soit 44 0/0. Mais est-ce que ce sont des industries qui vivent de la protection? Aucune de ces industries ne la réclame; au contraire, elles protestent toutes, contre elle; elles trouvent que la protection les ruine, qu'elle les écrase, et, elles ont raison, car ce n'est pas la protection qui peut faciliter l'augmentation de leurs exportatioons.

Quelles sont, au contraire, les industries qui ont été toujours à la tête du mouvement protectionniste? Ces industries sont celles des cotonniers et des métallurgistes. Quels sont les effets des tarifs de douane au point de vue de l'expansion extérieure de ces deux industries?

Les tissus de coton comptaient, en 1895, 120 millions; en 1894, 113 millions; l'augmentation de leurs exportations a donc été de 7 millions, sur 310, soit 2,30 0/0.

Quant aux fils de coton, leur exportation a baissé, mais elle est insignifiante : 2,574,000 pour 1895; 2,640,000 pour 1894.

Enfin viennent la fonte, les fers et les aciers : 15,762,000 francs, en 1895, et vous voyez combien ces chiffres sont petits relativement aux chiffres des industries que je viens d'énumérer tout à l'heure; 12,293,000 francs, pour 1894 : soit, en plus, 3,469,000 francs.

Ainsi les industries les plus âpres à la protection, celles auxquelles les tarifs auraient dû apporter des avantages considérables, représentent, dans l'augmentation des exportations, un chiffre de 3, 3 1/2 0/0, tandis qu'au contraire les industries non protégées représentent 44 0/0, et je n'ai pris que les principales, car, si j'entrais dans plus de détails, on arriverait à constater qu'il y a plus de 70 0/0 de l'augmentation des exportations qui s'appliquent à des industries qui souffrent de la protection, bien loin d'en recevoir un bénéfice.

S'il y a eu augmentation d'exportation, comment s'est-elle produite?... Malgré les tarifs de 1892. Et pourquoi s'est-elle produite en 1895? Mais nous n'avons qu'à voir les pays dans lesquels cette augmentation d'exportations s'est produite : États-Unis, 1895, 282 millions ; en 1894, 185 millions : différence, 97 millions en plus.

Angleterre, 1895, 1,005,238,000 francs ; 1894, 912,878,000 francs : la différence est de 92,360,000 francs.

En Belgique, 1895, 515 millions ; en 1894, 477 millions : 37 millions en plus.

En Suisse, 163 millions, en 1895 ; 129,871,000, en 1894 : 34 millions de différence.

En Italie, 130 millions, en 1895 ; et en 1894, 98 millions : 32 millions en plus.

Je retiens les États-Unis et la Suisse. Avec la Suisse, s'il y a eu une augmentation d'exportations, c'est que nous avons eu l'arrangement franco-suisse qui a brisé les barrières qui existaient et qui avaient abouti, à la suite de 1892, à une diminution considérable de nos relations commerciales.

Avec les États-Unis, pourquoi cette augmentation ? Mais tout simplement parce qu'on a substitué au tarif Mac Kinley le tarif Wilson qui a abaissé les droits dans de fortes proportions ; c'est donc parce que ces deux pays ont suivi une politique plus libérale qu'elle ne l'était auparavant que nos exportations se sont développées, et non pas parce que nous continuons à jouir des tarifs de 1892.

Et maintenant je dois dire que l'augmentation qui s'est produite en Angleterre, qui s'est produite en Belgique, qui s'est produite en Italie, vient des circonstances suivantes : c'est que beaucoup de produits qui vont en Angleterre ne font qu'y passer, et ensuite vont de là dans d'autres pays. Une partie de l'augmentation de nos exportations en Angleterre était à destination, en réalité, des États-Unis.

De même la Belgique est surtout un pays de transit, et beaucoup de marchandises que nous avons expédiées en Belgique étaient à destination également des États-Unis.

En Italie, nous avons eu une augmentation de trafic, oui, mais, il faut bien le dire, pourquoi? C'est qu'à la suite des tarifs qui ont existé, le marché des soies s'est déplacé. Il est à Londres maintenant, au lieu d'être à Paris, et les commissionnaires de Londres s'en vont d'abord à Zurich, à Côme et à Milan ; ils ne reviennent en France qu'après. Nous avons expédié en Italie pour 44 millions de soie et de bourre de soie au lieu de 29. Par conséquent, cette augmentation de nos exportations en Italie prouve un déplacement du marché, et ne prouve pas le moins du monde en faveur de l'expansion qu'auraient produite les tarifs de 1892.

Maintenant, examinons la nature des exportations relativement aux pays. Qu'est-ce que nous trouvons ? Ce sont les industries hostiles à la protection qui ont bénéficié de ce mouvement.

Aux États-Unis, par exemple, nous avons, pour les tissus, passementerie et rubans de laine, 1895, 37 millions ; 1894, 11 milions : l'augmentation a donc été de 25 millions.

Tissus, passementerie et rubans de soie, 72 millions en 1895 ; 51 millions en 1894 : différence 20 millions.

Ouvrages en peau, gants, 18 millions en 1895 ; 9 millions en 1894 : différence 8 millions 1/2.

Peaux et pelleteries brutes, en 1895, 12 millions ; en 1894, 4 millions : différence, 8 millions.

Ces augmentations proviennent de la disette des cuirs ; elles ne proviennent pas le moins du monde de la protection.

Tabletterie, bimbeloterie, etc., 1895, 11.988.000 francs ; 1894, 9.483.000 : différence 2 millions 1/2.

Fleurs artificielles et ouvrages de modes, 1895, 10 millions ; 1894, 7.300.000 : différence 2.981.000 francs.

Vêtements et lingerie, 1895, 10 millions ; 1894, 3 millions : différence 7 millions.

Ouvrages en peau ou cuir autres que gants ; tissus, passementerie, etc..., poteries, verres et cristaux. Tous ces objets-là ont une augmentatation de débouchés aux États-Unis ; ce sont des objets que nous fabriquons, et certainement nous pourrions les livrer dans de beaucoup meilleures conditions, si nous n'étions pas écrasés par les droits de douane.

IV.

Le consommateur se ressent toujours très vivement des droits de douane. Quand vous établissez des droits de douane qui relèvent de 20 0/0, de 50 0/0 et davantage un produit, le consommateur paie non seulement sur la quantité qui est importée, mais il paie sur toute la quantité qui est vendue dans le pays. Cet impôt écrasant a une double répercussion : 1° il augmente le prix d'achat de l'objet ; 2° du moment que vous êtes obligés de payer plus cher des objets, en vertu des droits de douane qui les frappent, par cela même, votre pouvoir d'achat est diminué d'une quotité égale. Vous êtes obligés, par exemple, de payer un objet quelconque 2 francs, alors que vous ne le paieriez qu'un franc. Lorsque vous avez consacré ces 2 francs à cet objet, pour la plus grande satisfaction du producteur de cet objet, alors que vous auriez pu l'avoir pour 1 franc, il y a 1 franc qui n'est plus à votre disposition ; votre pouvoir d'achat est affaibli de 50 0/0.

Voici un exemple qui prouve le malaise que font peser les droits protecteurs sur une industrie. Dans le cas suivant, nous avons des chiffres extrêmement exacts et, dans le milieu parisien, nous nous apercevons tous les jours des défauts des transports en commun, de la cherté du prix des voitures et de la difficulté d'avoir de bonnes voitures et de bons chevaux. D'après les comptes de 1894, la Compagnie des Omnibus a payé 3,321,000 francs de redevances et d'impôts à la Ville et 1,230,000 francs à l'État : total 4,551,000 francs, sur une recette brute de 46 millions, alors qu'elle n'a distribué aux actionnaires que 1,032,000 francs. Par conséquent, les impôts, octrois, douanes, etc., ont exercé un prélèvement beaucoup plus considérable que le dividende qu'elle a donné aux actionnaires, et ils gênent, par cela même, toute espèce d'amélioration de service.

« La Compagnie générale des Voitures a payé à la Ville 1,581,000 francs ; à l'État 1,434,000 francs ; total 3,015,000 francs, sur une recette brute de 20,330,000 francs, alors qu'elle a distribué à ses actionnaires 1,849,000 francs. Depuis 1891, par l'effet des nouveaux droits de douane et d'octroi sur les denrées qui servent à l'alimentation des chevaux, les services de voitures travaillent beaucoup plus au profit du budget de l'État et de la Ville qu'au profit de leur capital, et le public souffre de l'impossibilité où les entreprises se trouvent placées pour faire la dépense nécessaire aux améliorations des transports. »

Telle est la conclusion d'un rapport de M. Lavollée. Elle est absolument juste.

M. Schoenhof a publié, outre « l'History of money and prices, » un livre extrêmement intéressant sur les *Hauts Salaires*. Il fait l'observation suivante sur l'effet que peut avoir une diminution de tarif.

Le tarif Mac Kinley frappait les laines en masse ; on a supprimé le tarif sur les laines en masse, mais on a maintenu le tarif sur les confections. Seulement on déduit actuellement du tarif le prix que payait autrefois la laine incorporée dans la confection. Avant même que le tarif Wilson fût mis en vigueur, immédiatement le prix des confections des vêtements de femme en laine, des vêtements communs, ce qu'on appelle *a sacking,* avaient subi les variations de prix suivantes : en octobre 1892, ils valaient 55 cents[1] ; en octobre 1894, ils ne valaient plus que 43 cents : soit, par conséquent, une diminution de 22 0/0 ; en avril 1895, ils ne valaient plus que 35 1/4 : soit une diminution de 36 1/2 0/0.

La diminution s'est produite avant même que le tarif Wilson ne fût en vigueur. M. Schoenhof considère que les Américains ont gagné, à cette modification du tarif sur les laines, quelque chose comme 170 millions de dollars en une année, soit 850 millions de francs.

V.

En raison de ce que notre but constant est d'obtenir le maximum de satisfaction avec le minimum d'efforts, toute politique protectionniste, ayant pour résultat d'augmenter l'effort pour se procurer les choses nécessaires, doit être taxée de régressive.

1. Le cent est la centième partie du dollar qui vaut 5 fr. 20.

Il n'est pas vrai de dire que la politique protectionniste puisse être utile dans certaines circonstances. L'expérience constante nous montre que *toute tentative pour protéger des situations acquises contre les transformations de la production et la concurrence soit des nationaux, soit des machines, soit des étrangers, ne peut déterminer que l'atrophie et la ruine*. Colbert avait appelé les tarifs de douane les béquilles de l'industrie, et il espérait qu'un jour elle pourrait les rejeter. Jamais, quand des tarifs de douane ont été donnés à une industrie, vous ne voyez cette industrie renoncer spontanément à ses béquilles. Bien loin de là : alors même qu'elle juge elle-même que ces béquilles sont quelquefois gênantes, elle ne demande pas le moins du monde qu'on les supprime. Ce qu'elle réclame toujours, c'est qu'on lui donne des béquilles plus fortes ; jamais elle n'est satisfaite par les droits, par les primes qu'on a pu lui accorder ; elle est toujours de plus en plus vorace ; elle demande toujours davantage ; elle n'a jamais assez, et les législateurs de tout pays qui est lancé dans la politique protectionniste, bien loin de revenir vers la liberté, demandent toujours de nouvelles protections avec des modifications perpétuelles. Ainsi, en 1892, on a présenté des tarifs de douane comme s'ils devaient être définitifs ; mais, depuis, tous les jours, on présente des projets de remaniement de ces tarifs de douane, et, en ce moment-ci encore est pendante, devant le Parlement, une loi qu'on appelle le cadenas, qui est destinée probablement à servir, puisqu'on la réclame. Et qu'est-ce que cette loi? Cette loi a pour but de donner au Gouvernement le droit d'établir, du jour au lendemain, sans votes des Chambres, par le fait même du dépôt d'un projet de loi, des droits de douane qu'il percevrait pendant une durée plus ou moins longue, jusqu'à ce que le projet eût été ratifié, modifié ou rejeté par le Parlement.

En réalité, l'État n'a qu'un devoir, qu'a parfaitement défini M. de Molinari, *l'État a pour devoir de maintenir le milieu libre.*

C'est à chacun de nous de faire le meilleur usage possible du milieu dans lequel il agit, mais nous ne devons pas demander à l'État d'intervenir dans le contrat d'échange pour nous forcer de donner aux uns ce que nous préférerions garder pour nous-mêmes, pour nous obliger de favoriser telle ou telle industrie, telle ou telle production, à nos dépens.

Je m'en tiens au principe qui a été formulé par les hommes de 1789, qui a été répété par tous les libre-échangistes : *le contribuable ne doit d'impôt qu'à l'État ;* il ne doit pas d'impôt à tel ou tel producteur ; il ne doit d'impôt à aucun propriétaire pour assurer ses revenus ; il ne doit d'impôt à aucun industriel pour assurer ses bénéfices.

CHAPITRE VIII.

DES SALAIRES.

I. *Pourquoi le salaire s'élève alors que les produits baissent de prix.* — *La prospérité industrielle d'un pays n'est pas en raison du bas taux des salaires.* — C'est le consommateur qui règle le taux du salaire. — « Nécessité d'une grève. » — Erreur de ce terme. — *La politique des hauts salaires, c'est la politique des débouchés.* — *La politique des débouchés, c'est la politique du bon marché.* — *Le moindre prix, c'est le moindre effort.* — Le taux des salaires et l'outillage. — II. L'homme est un capital fixe. — *Sa valeur est en raison de sa puissance de production.* — Augmentation des salaires. — France. — Dans le département de la Seine. — Industrie de la laine. — Métallurgie. — Mines. — États-Unis. — Belgique. — Rapport des salaires et de la consommation. — Angleterre. — III. Les salaires et le machinisme. — La machine à battre. — Le machinisme provoque une nouvelle demande de main-d'œuvre en développant des industries. — *Le taux des salaires est en raison directe de la puissance de l'outillage.* — Proportion du capital et du travail dans la production. — IV La rémunération du capital. — Expression impropre. — Y substituer : *les profits de l'entreprise.* — Les quatre idées de M. Boucicaut. — La qualité de la direction est indépendante du capital. — Le prélèvement du capital dans l'Illinois. — Industries en perte. — Part du capital et du travail à Bacalan. — Mines en gain et en perte. — L'affirmation d'un journal socialiste belge et les faits. — La mine de Bonne-Fin à Liège. — Part de l'exploitation et part du salaire dans l'industrie minière en Belgique. — V. Les oublis dans les calculs des gains. — Les hausses et les baisses. — L'amortissement. — L'amortissement de l'industrie métallurgique en France. — VI. Les grèves. — Causes de stagnation ou de baisse des salaires. — Elles paralysent l'industrie. — Pertes résultant des grèves. — La grève des mineurs. — Pertes résultant des grèves aux États-Unis. — La loi de l'offre et de la demande et le salaire des femmes. — La prétendue protection du travail des femmes, cause d'arrêt dans leur salaire. — Son caractère oppressif.

I.

J'ai exposé le rapport de la valeur des capitaux fixes et des capitaux circulants. J'ai montré l'erreur que commettaient les protectionnistes, lorsqu'ils essaient de rehausser la valeur des capitaux circulants, et j'ai prouvé que, loin d'arriver à augmenter la prospérité du pays qu'ils voulaient protéger, ils diminuaient la valeur des capitaux fixes.

Maintenant, je vais indiquer le caractère du salaire. J'ai déjà montré que le contrat de travail n'était qu'un contrat d'échange, mais ce que je tiendrais à préciser, c'est pourquoi le salaire s'élève alors que les produits baissent de prix. En effet, si nous allons dans les pays qui sont considérés comme les plus pauvres, nous voyons des salaires extrêmement bas et des produits très chers. A coup sûr, nous pouvons considérer que ces pays sont peu avancés en évolution. Pendant longtemps, il y a eu un préjugé, et un préjugé qui a été très répandu dans le monde des industriels, que la prospérité de l'industrie était en raison du bas taux des salaires. Depuis un demi-siècle surtout, alors que l'industrie a complètement transformé ses méthodes et qu'elle a pris un développement dont nous avons été plus ou moins témoins, ce préjugé a été détruit par l'évidence des faits. Ils prouvent que le bas prix des salaires, bien loin d'être une preuve de la prospérité industrielle d'un pays, est, au contraire, l'affirmation opposée.

Seulement, tout est relatif, et lorsque nous voyons essayer de rehausser, par des moyens factices, le taux des salaires, nous pouvons avoir une certaine inquiétude pour ceux qui les emploient.

On a l'habitude de parler des rapports du capital et du travail. Je l'ai déjà dit : cette expression est fausse. Le capital n'est qu'une avance ; le capital n'est qu'une garantie, mais celui qui paie, en dernier ressort, le salaire, c'est le consommateur et, par conséquent, *c'est le consommateur qui règle le taux du salaire* d'une manière bien simple : si le produit est trop cher, il s'abstient, il n'achète pas ; si la main-d'œuvre, relevée d'une manière factice, a augmenté le taux du produit au delà du prix auquel peut le fournir tel ou tel concurrent, le consommateur s'adresse au concurrent ; il abandonne celui qui ne peut produire qu'à un prix de revient trop élevé, et par conséquent, il abaisse, par la force des choses, le prix du salaire.

Les documents officiels se servent d'une locution qui est entrée dans la pratique : quand des ouvriers s'étant mis en grève ont obtenu une augmentation de salaire, ils inscrivent : « Cette grève a réussi.

Pour le moment, c'est possible, mais, si les prétentions qu'ils ont émises ont élevé le prix de revient du produit à un taux supérieur à celui auquel il peut trouver des débouchés, ce sera le chômage ; plus tard, ce sera peut-être la disparition d'une industrie. En réalité, celui qui règle le taux du salaire, c'est le consommateur et, par conséquent, quelle est *la politique des hauts salaires?* C'est *la politique des débouchés*. Plus les débouchés seront grands, plus les salaires peuvent s'élever, parce que plus les produits sont abondants et plus les salaires peuvent augmenter en diminuant relativement à chacune des unités du produit et donner une quantité globale de beaucoup supérieure à ce qu'elle serait si le salaire ne portait que sur un nombre restreint d'unités. Et comment se forment les débouchés ? Chacun le sait, par une expérience personnelle ; la politique des débouchés se fait par le bon marché. Chaque consommateur désire avoir au moindre prix, c'est-à-dire avec le minimum d'efforts, ce qui peut lui convenir le mieux : entre deux produits semblables, ce serait folie de sa part que d'acheter celui qu'on lui offrirait à un plus haut prix. L'exploitant d'industrie ne peut élever les salaires qu'à la condition de donner des produits à bas prix ; et il ne peut donner ces produits à bas prix qu'à la condition d'avoir à sa disposition un bon outillage ; 1° outillage national : ports, routes, moyens de communication ; 2° outillage individuel.

II.

La politique des hauts salaires n'est pas en antagonisme avec l'abaissement du prix de revient des produits. Loin de là. L'homme, il faut bien le dire, est un capital fixe, comme une machine. Nous avons vu que la machine, que l'outillage, que l'usine qui pouvait produire davantage à plus bas prix augmentait de valeur au fur et à mesure qu'il pouvait multiplier ses produits en en diminuant le prix de revient. L'homme est exactement dans les mêmes conditions : il augmente de valeur au fur et à mesure qu'augmente sa puissance de production, et cette puissance de production augmente d'autant plus que l'outillage qu'il peut mettre en œuvre est plus perfectionné. Par conséquent, nous pouvons dire que la valeur de l'homme est absolument identique à la valeur de tout autre capital fixe. La valeur de l'homme augmente au fur et à mesure que les capitaux circulants deviennent plus abondants, et que chacune des unités de ces capitaux circulants est à plus bas prix.

Quelques exemples vous prouveront, d'une manière concrète, la vérité de cette assertion.

Dans son discours du 29 février 1896, M. le Président de la Chambre de Commerce de Lyon à

M. le Président de la République, évoquait Jacquard dont le portrait est dans la grande salle des délibérations de la Chambre de Commerce de Lyon. Il rappelait que lorsque Jacquard inventa son métier, les canuts voulurent le jeter dans le Rhône. Ils croyaient que Jacquard, en inventant ce métier qui réduisait de beaucoup la main-d'œuvre, l'effort humain, leur enlevait de l'ouvrage. Cependant, si l'on considère la prospérité de l'industrie de la soie, à Lyon, avec ce qu'elle pouvait être au moment où on menaçait de mort Jacquard, il n'y a pas de comparaison. J'ai rappelé, dans un chapitre précédent, également la différence considérable qu'il y avait entre l'industrie de la filature et du tissage du coton, au moment des inventions d'Arkwright et de Cartwright, qui avaient été menacés du même sort, et la siuation actuelle. Tous les faits prouvent que les salaires augmentent au fur et à mesure que l'outillage se perfectionne.

Si nous nous en rapportons aux statistiques officielles, en France, nous voyons les salaires augmenter dans la proportion suivante :

Salaire journalier d'un ouvrier non nourri, pour 62 corps d'état, en 1853, 1 fr. 90 ; en 1871, 2 fr. 65; en 1883, 3 fr. 15 ; et en 1891, 3 fr. 90.

Par conséquent, de 1853 à 1891, l'augmentation a été de 100 0/0.

Dans le département de la Seine, pour les grandes industries parisiennes, nous voyons les salaires passer de 1853, 3 fr. 80 ; 1871, 5 francs ; 1876, 5 francs ; 1882, 5 fr. 85, à 1891, 6 fr. 15.

Ce qui fait une augmentation de 88 0/0.

A partir de 1852, le tissage, la filature, le peignage de la laine transforment leurs procédés ; en 1855, il y avait 120 peigneurs Heilman ; leur nombre s'élève à 648 en 1889 ; celui des broches s'élève de 112,000 à 868,000 dans les filatures ; celui des métiers à tisser de 4 à 14,800. Voici maintenant la progression des salaires, telle que l'a constatée M. D. Zolla sur les registres d'un fabricant :

	1855	1889
Trieurs.	4. »	5. »
Dégraisseurs.	2.50	3.25
Ouvriers de peignage. .	1.10	2.25
Hommes de peine.. . .	2.10	3.25
Tisseurs.	3. »	5. »
Tisseuses..	2 50	4.25
Ourdisseuses.	2. »	4. »
Rentrayeuses.	2.50	4. »
Baleineuses.	1. »	1.50

La hausse la plus faible est celle des salaires des trieurs qui étaient le mieux payés en 1855 : elle est de 25 0/0. Pour les femmes nous voyons une hausse de 60 à 100 0/0.

Un ouvrier métallurgiste, d'après le rapport de M. Euverte, lu au mois de juin 1895 à la Société des ingénieurs civils, pour l'ensemble de la France, a suivi la progression suivante : en 1853, 2 fr. 37

et en 1880, 4 fr. 29, soit une augmentation de près de 80 0/0.

Le salaire des ouvriers mineurs du fond et de la surface confondus, donne la progresion suivante: en 1844, 2 fr. 09; 1865-1869, 2 fr. 86; 1870-1874, 3 fr. 32; 1875-1879, 3 fr. 58; 1890, 4 fr. 16; enfin nous arrivons en 1894 à 4 fr. 14.

L'augmentation est donc de près de 100 0/0 en 50 ans. Et ce chiffre est trop faible, car il comprend le salaire des ouvriers du fond et de ceux de la surface, et le salaire des ouvriers du fond varie depuis 4 francs jusqu'à 7 francs.

Le rapport du salaire total à la tonne de houille était, en 1885, de 5 fr. 39.

Il s'élevait, en 1890, à 5 fr. 62; et, en 1894, il s'élève à 5 fr. 80.

En Allemagne, depuis 50 ans, on évalue que les salaires des mineurs ont augmenté, selon les régions et les catégories de travailleurs, de 75 à 150 0/0.

D'après l'ouvrage de M. Carrol Wright, aux États-Unis, si on prend le chiffre de 1860 comme 100, on constate que, en 1840, le taux était de 82,5; et, en 1891, de 168,6 : ce qui fait, par conséquent, une augmentantion de 85 0/0.

Maintenant, pour les prix des denrées, de 223 marchandises de grande consommation, on trouve, en prenant toujours le chiffre de base 100 en 1860, qu'ils étaient, en 1840, de 97,7; en 1891, de 94,4, soit 5,4 0/0 en moins qui, ajouté au chiffre 68 d'augmentation des salaires depuis 1860, donne une augmentation de 74 0/0.

En Belgique, nous trouvons exactement, à quelque chose près, les mêmes conditions. M. Edmond Nicolaï vient de publier une étude extrêmement intéressante sur les salaires et sur les budgets des ouvriers en 1853 et en 1891 (c'est le titre de sa brochure ; mais il est remonté, en réalité, jusqu'en 1846.) Le salaire des hommes de plus de 21 ans était alors de 1 fr. 46 ; en 1880, il s'élevait à 3,13 ; en 1891, à 3,75.

Le salaire des femmes s'est élevé de 0,71 à 2,17.

Si nous considérons la consommation annuelle des adultes, nous voyons immédiatement combien, en examinant les chiffres de l'alimentation, cette augmentation de salaire a apporté de bien-être dans la famille.

Je vais me servir de moyennes établies en Belgique dont je laisse toute la responsabilité à M. Ducpétiaux, mais quand on voit ces moyennes se généraliser, se reproduire à peu près dans tous les pays, et concorder, d'un côté avec l'avilissement du prix des denrées, d'un autre côté avec l'augmentation des salaires, on peut admettre qu'elles représentent une probabilité de certitude.

La consommation annuelle d'un ouvrier était, en 1853, de 211 kilogrammes de pain, et, en 1891, de 264.

Au contraire, la consommation des pommes de terre avait baissé de 312 à 242 kilogrammes.

La viande et le lard avaient passé, au contraire, de 9 kilogr. 60 à 29,60.

Le beurre et la graisse avaient doublé, de 9 à 18 kilogr. 95.

Le café était resté à peu près au même chiffre.

Mais, de plus, le pain de froment avait passé, comme cote, de 31 0/0 à 82 0/0 dans l'alimentation, tandis qu'au contraire le pain de seigle était tombé de 47 0/0 à 2 0/0.

Les salaires en Angleterre ont suivi la même progression. M. Robert Giffen, le célèbre statisticien du Board of Trade, a examiné les salaires en 50 ans, lors du jubilé de la reine. Nulle part, il n'y a de diminution pour les hommes, et les augmentations varient de 20 à 150 0/0. M. Robert Giffen considère que l'augmentation a été en moyenne de plus de 70 0/0. Nous avons trouvé tout à l'heure une moyenne de 85 0/0 aux États-Unis pour la même période. En même temps, il faut joindre à l'augmentation des salaires la diminution des heures de travail qui a été considérable dans tous les pays, et M. Robert Giffen estime qu'elle doit être ajoutée dans la proportion de 20 0/0 à l'augmentation du salaire. Il a montré que le même homme qui avait, 50 ans auparavant, une balance de 15 schillings (18 francs) par semaine, après avoir payé son loyer, avait maintenant un surplus de 27 schillings 6 deniers par semaine (33 francs). Il n'y a eu de réelle augmentation de dépense que celle du loyer.

III.

Nous entendons souvent parler du machinisme, comme d'un fléau, par des gens qui seraient bien fâchés de renoncer aux chemins de fer; et tous les jours, non seulement dans les journaux et les publications socialistes, mais encore dans les publications qui sont faites par des personnes qui causent très volontiers d'économie politique sans l'avoir jamais étudiée, on voit indiquer la « surproduction » comme due aux machines, et on lit des lamentations sur la main-d'œuvre qu'elles rendent forcément disponible. Si cette assertion était exacte, à coup sûr, depuis cinquante ans spécialement, les salaires auraient dû baisser dans des proportions considérables. Partout les carrefours devraient être encombrés de sans-travail. Au contraire, nous trouvons que, dans les pays où le machinisme a pris la plus grande extension, les salaires ont augmenté dans une proportion que nous pouvons admettre comme étant, au minimum, de 70 0/0.

J'ai déjà indiqué théoriquement comment ce fait se produisait. Je vais l'expliquer avec des chiffres que j'emprunte à un article paru, le 29 février 1896, dans le *Monde économique*, et dû à M. Daniel Zolla, professeur d'économie politique à l'Institut agronomique, dont les renseignements peuvent être invoqués avec confiance.

Avec le fléau ordinaire dont se servaient nos pères, un homme vigoureux pouvait, en 10 heures, battre 75 à 85 gerbes de 8 à 9 kilogrammes, donnant environ 250 kilogrammes de grains.

Une batteuse ordinaire, qui ne nettoie pas davantage les blés égrenés, exige, pour son service, 12 à 15 personnes, mais peut fournir, dans une journée de 10 heures, 5,000 kilogrammes de grains.

Enfin, une machine plus puissante, avec une équipe de 50 hommes, peut donner, en 10 heures, également, 24,000 kilogrammes de grains. Pour obtenir 1,000 kilogrammes de blé séparé de l'épi, il faut donc une quantité de travail représentée, avec le fléau, par 100 ; avec la première machine, par 75 ; avec la seconde machine, par 50.

Alors, on dit que voilà 50 personnes qui sont mises hors du battage des grains, et on serait sur le point de déclarer que ces malheureuses 50 personnes sont toutes réduites à la famine. Cependant, il y a une phrase que l'on entend répéter de toutes parts, et on la répète depuis longtemps. On l'a entendue dans la *Cagnotte,* au Palais-Royal, il y a plus de trente ans : l'agriculture manque de bras! Nous pouvons dire que, si l'agriculture a manqué de bras, et encore en manque, c'est parce que l'outillage agricole ne s'est pas aussi vite perfectionné que l'outillage industriel et qu'il ne permet pas de donner des salaires suffisants aux travailleurs agricoles. Dans ces conditions, ils émigrent vers les industries où ils trouvent des salaires plus abondants. Dans les pays où il y a à la fois une agriculture extrêmement développée, comme le Nord et le Pas-de-Calais, et où, en même temps, il y a des mines qui ont la réputation de faire des martyrs du travail, la mine appelle perpétuellement à elle des travailleurs agricoles, et jamais le travailleur agricole, qui est entré dans la mine, n'en ressort pour reprendre la houe ou les mancherons de la charrue. Pourquoi?..... Avec leur puissant outillage, les mines peuvent donner des salaires dont j'ai indiqué tout à l'heure la quotité, très supérieure aux salaires agricoles. Les travailleurs agricoles, qui sont à portée d'industries qui peuvent leur donner ces avantages, émigrent vers elles, et ne peuvent être remplacés, dans l'est et dans le nord-est de la France, que par des Belges, et même, dans les environs de Paris, par des colonies de Bas-Bretons, qui sont heureux de trouver des salaires relativement plus élevés que dans leurs pays d'origine. Sur les 50 0/0 de personnes dont le travail a été rendu disponible par la machine à battre, une partie a retrouvé du travail dans les professions agricoles, parce que la production agricole, ayant augmenté, exige plus de bras, et puis a donné lieu à de nouvelles industries. Ainsi, une partie de cette main-d'œuvre a été reprise par la fabrication des machines agricoles. Avant le développement de ce machinisme agricole, on n'aurait pas fait des usines semblables aux sucreries, qui exigent une abondante main-d'œuvre. Bien loin, par conséquent, que le développement de la machine détruise l'utilisation de la main-d'œuvre, on peut dire que c'est dans les pays les plus pauvres, — il suffit de regarder une carte économique du monde, un planisphère, pour en acquérir immédiatement la conviction, — c'est dans les pays les plus pauvres, ceux-là où le machinisme est le moins développé, que la main-d'œuvre est au plus bas prix, tandis qu'au contraire c'est dans le pays où le machinisme est le plus développé, c'est en Angleterre, c'est aux États-Unis, c'est en Allemagne, c'est en France, que la main-d'œuvre atteint les plus hauts prix. Quand on considère l'évolution économique qui s'est produite depuis un demi-siècle, on constate que la main-d'œuvre perd de son importance relative dans chacune des industries, et plus elle perd de son importance relative dans une industrie, plus elle peut y obtenir un gain élevé. Ainsi, M. Carrol Wright estime que, dans les industries, on assignait, aux États-Unis, en 1850, 51 0/0 au travail, relativement au produit net, tandis qu'en 1890, on ne lui assignait que 45 0/0. Par conséquent, voilà une plus grande part disponible donnée à la rémunération du travail.

Dans les filatures de coton, en 1830, un ouvrier conduisait 25 broches ; en 1890, il peut en conduire plus de 64.

Dans les industries chimiques, nous avons vu que la soude valait 45 francs les 100 kilogrammes, en 1855, et que maintenant elle vaut 9 francs : dans cette industrie, les salaires ont augmenté de 100 0/0. En parlant de l'outillage, il faut entendre toutes les forces qui peuvent déterminer une augmentation de production ; dans l'industrie chimique, telle ou telle combinaison, indépendante de ce qu'on appelle vulgairement le machinisme, peut cependant diminuer les prix de revient dans la plus large proportion. Plus le prix de revient est diminué, plus la main-d'œuvre peut avoir une quote-part plus grande. Les faits sont tellement frappants qu'il est impossible de contester cette vérité.

IV.

Mais non seulement les socialistes, mais beaucoup de gens sont tout prêts à dire : — La part du capital est trop grande ; et alors intervient la théorie du surtravail de Karl Marx, dont je parlerai dans le prochain chapitre.

D'abord, la part du capital... Il faudrait supprimer ce mot-là. M. Walker, dans son volume : *The Science of Wealth*, publié en 1869, où il a si violemment attaqué, à si bon droit, le fonds des salaires, déclarait qu'il ne fallait pas parler des profits du capital, mais qu'il fallait parler des profits de l'entreprise, de l'affaire ; et il avait absolument raison. Je ne veux citer qu'un fait bien simple : je prends comme exemple un établissement connu de tout le monde, le Bon Marché. Ce n'est pas du tout le capital qui a fait la prospérité du Bon Marché : ce sont quatre idées. M. Boucicaut, à l'âge de 42 ans, se trouvait engagé dans une maison de détail qui était située auprès d'un marché qui s'appelait le marché Saint-Germain, lequel occupait l'espace où est le square actuel. Il a eu quatre idées. Les voici : 1° vendre à prix fixe ; 2° vendre au comptant ; 3° reprendre les objets qui ont cessé de plaire ; 4° appeler le public à visiter périodiquement son magasin par les expositions. Il a suffi de ces quatre idées et de leur mise en pratique, — ce qui est bien quelque chose — pour faire, en dehors du centre commercial de Paris, en dehors des grands moyens de circulation, sur un point de la rive gauche, au milieu d'une population peu dense, pour faire le magasin de nouveautés qui représente le plus gros chiffre d'affaire de France et peut-être du monde.

Ici, l'intervention de la direction est absolument indépendante du capital. Je cite cet exemple pour montrer qu'il ne faut pas parler de la part du capital, mais qu'il faut parler de la part des profits de l'entreprise.

Les socialistes ne parlent eux que de la part du capital. Voici le résultat d'une enquête faite par le

Bureau du travail de l'État de l'Illinois dont la capitale est Chicago : sur 26 industries représentant les deux tiers des capitaux et des ouvriers employés dans cet État, on a établi le rapport du salaire des ouvriers et des produits. On trouve, pour 54 établissements de salaison représentant 53 millions de capital et employant 10,212 ouvriers, un produit brut de 46,000 francs pour un salaire de 1,930 francs. En entendant ces chiffres, on a une tendance à dire : — Mais cette différence entre le produit brut et le salaire de l'ouvrier montre toute la plus-value du travail, dont profite le patron.

Il n'y a qu'un malheur à ce beau raisonnement, et le voici :

Matières premières.	406 900.000
Salaires.	19.700.000
Autres frais.	50.000.000
Total . . .	476.000.000
Produit brut.	470.000.000
Différence en moins.. . .	6.300.000

Ces fabriques de salaison représentent non un gain mais une perte de plus de 6 millions, qui, par ouvrier, se répartit de la manière suivante :

Produit brut.	46.000
Salaire.	1.930
Perte..	635

La fameuse plus-value est donc une moins-value ;

et dans combien d'industries n'en est-il pas de même?

Le même travail a été fait pour 97 minoteries. Même phénomène.

Salaire.	2,655
Produit brut.	64,250

Déduction faite des matières premières et autres frais, la perte est de 3,400,000 francs qui, divisés par 1,838 ouvriers, représentent une moins-value, pour chacun d'eux, de plus de 2,000 francs.

M. Lalande a fait, en 1892, une monographie de la fabrique de porcelaine et de faïence de Bacalan fondée en 1782. Il a montré que la part du capital avait été de 1,100,000 francs et la part du travail de 37,700,000 francs.

On parle très volontiers des mines, parce qu'il y a quelques mines de combustibles qui ont donné des résultats inespérés et dont les actions, avec un très petit capital versé, ont monté à plusieurs milliers de francs. De braves gens considèrent qu'il suffit de mettre de l'argent dans une mine pour faire fortune. — Que ne mettez-vous le vôtre? — Ils reculent, mais ils n'en affirment pas moins que les ouvriers sont exploités par les exploitants des mines, qui, cependant, leur donnent des salaires de beaucoup supérieurs à ceux que touchent les autres ouvriers dans le milieu où ils se trouvent.

Je comprends la prudence des capitalistes qui

refusent de courir les hasards des placements dans les mines.

En 1879, mines de charbon en pertes, 144 ; et mines en gain, 198.

En 1894, c'est le nombre des mines en perte qui est le plus considérable : 177 mines en pertes, tandis qu'il n'y en a que 133 en gain.

De plus, le nombre des concessions exploitées a diminué de 32, soit 10 0/0.

Sur 156 mines autres que celles de charbon et de sel exploitées en France en 1894, nous trouvons, sans aucune espèce de profit 97, et, avec bénéfice, seulement 59.

L'année 1893 était encore plus défavorable. Les chiffres que je cite ici sont certains. Ils sont même plutôt au-dessus qu'au-dessous de la vérité; les ingénieurs des mines déterminent la part des redevances des mines d'après leur produit net. Ils comptent de la manière la plus sévère les frais et les bénéfices.

Il y a des mines qui sont exploitées depuis longtemps sans avoir jamais rien rapporté. Je connais, par exemple, une mine de la Loire qui est exploitée depuis 1836, et qui n'a jamais donné non seulement un sou de dividende, mais un sou d'intérêt à ses actionnaires. Il y en a d'autres dans le même cas.

A la société de Bonne-Fin à Liège, pendant vingt-et-un ans sur quarante, ni actionnaires, ni administrateurs, ni commissaires n'ont rien touché. La moyenne annuelle des tantièmes perçus pendant cette période de quarante ans a été de 787 francs par administrateur, et de 262 francs par commissaire.

En Belgique, *Le Peuple*, en 1890, avait annoncé que les bénéfices de l'exploitation des mines seraient de plusieurs centaines de millions. En effet, la prospérité des mines a été, cette année-là, exceptionnelle. Mais ces bénéfices évalués « à plusieurs centaines de millions », par ce journal socialiste, n'ont été que de 58 millions, et ils sont tombés à 11,700,000 francs en 1892, et à 6,395,000 francs en 1893.

En Belgique, pour les mines de houille, nous trouvons 271 sièges en activité en 1892 ; ils tombent à 268 en 1893 ; 66 mines sont en gain de 11 millions ; 59 en perte de 5 millions ; restent 6 millions en chiffres ronds.

Dans la province de Liège, sur les 43 mines en activité, 22 ont réalisé ensemble un bénéfice de de 2,969,000 francs ; les 21 autres ont éprouvé une perte de 1,178,000 francs.

Si nous comparons le tantième en pour cent de la valeur produite, nous trouvons pour cent : aux ouvriers,

En 1860.	50 fr. 90
En 1893.	55 fr. 80

et à l'exploitant, nous trouvons les chiffres descendant constamment, depuis 13 fr. 90 jusqu'à 3 fr. 50.

En France, en 1893, les prix ont diminué de 91

centimes, tandis que les frais de main-d'œuvre n'ont diminué que de 28 centimes.

En 1894, les prix ont diminué de 27 centimes, et la main-d'œuvre n'a diminué que de 13 centimes.

En Belgique, tandis que le salaire, de 1892 à 1893, n'a baissé que de 0 fr. 10, un dixième 0/0, la part de l'exploitant a baissé de 65 0/0.

En 1893, le bénéfice de l'exploitant, par tonne, en Belgique, a été de 0 fr. 33. Le prix de la tonne a été inférieur de 0 fr. 66 à celui de l'année précédente. C'est donc l'exploitant qui a subi tout le poids de la baisse.

Dans la province de Liège, en 1888, le gain par tonne de l'ouvrier était de 4 fr. 84 ; celui de l'exploitant de 0 fr. 80. En 1893, le premier a atteint 5 fr. 63, le deuxième a été réduit à 0 fr. 37. Le gain de l'ouvrier a donc augmenté de 16 0/0, tandis que celui de l'exploitant a été réduit de 53 0/0 ; et aux personnes qui considéraient que, si on supprimait l'exploitant de mines et le capital qu'il représente, les ouvriers gagneraient beaucoup plus, M. Pernolet répondait que cette suppression représenterait à peu près la valeur d'un bock par jour; et les bocks ne sont pas chers en Belgique.

V.

Dans les discours que l'on prononce souvent à

propos de la part du capital, il y a un certain nombre d'éléments qu'on oublie : on oublie, par exemple, qu'en 1894, en Belgique, sur une production de 20 millions de tonnes de houille, l'exploitation en a absorbé plus de 1,800,000, soit près de 9 0/0 ; on oublie la hausse et la baisse des cours pour les achats des matières premières et pour les ventes, hausses et baisses qui démolissent les calculs les mieux établis et transforment tout d'un coup les gains en pertes. On oublie toujours l'amortissement. On dit : « Voilà un tant pour cent pour le capital, tant pour cent pour le salaire, et puis on calcule une moyenne sur le prix d'achat et sur le prix de vente des produits et l'on dit : La part du salaire n'est pas suffisante. »

Mais plus l'activité industrielle devient grande, plus la concurrence se développe, plus il est nécessaire d'amortir avec rapidité. Or, lorsque vous établissez votre prix de revient et lorsque vous comptez un amortissement rapide, c'est autant que vous enlevez au bénéfice immédiat, mais c'est la liberté pour l'avenir ; cela vous permet, une fois votre opération liquidée, de marcher, comme on dit dans le langage industriel, de marcher sur le velours, et si, par hasard, des transformations viennent à se produire, cela vous permet d'être prêt à les subir. Mais ce sont là des frais considérables que les socialistes négligent de mentionner quand ils essaient de faire la part entre le capital et le salaire.

Je ne cite qu'un chiffre qui montre de quel poids pèse l'amortissement sur une industrie. M. Euverte, dans son rapport sur les industries métallurgiques, a constaté que, de 1865 à 1895, l'industrie métallurgique française a amorti, sur les dépenses de création d'usines et de réfection d'outillage, 400 millions de francs environ.

VI.

En citant ces chiffres, je dois parler des grèves. Je n'en parlerai qu'au point de vue économique. Il est bien clair que plus les capitaux vont à une industrie, et plus grande est la demande de travail, plus puissants sont ses moyens d'action et plus la rémunération du salaire peut être élevée. Dans une industrie très prospère, les salaires augmentent. Si, au contraire, cette industrie est inquiète; si cette industrie n'ose pas conclure de grands marchés à long terme, et par conséquent, restreint, au lieu d'agrandir, ses débouchés; s'il n'y a pas de confiance réciproque entre les collaborateurs de cette industrie, si les directeurs des entreprises et les ouvriers se considèrent comme des ennemis en lutte constante, cette industrie essaiera de réduire ses salaires au strict minimum, et ne se décidera à établir de nouveaux outillages qu'au dernier moment. Comment ces faits psychologiques se traduisent-ils? par une diminution de salaires: les capitaux s'éloignent de cette industrie ou ne s'y engagent qu'avec timidité; des industriels, au lieu de continuer à diriger leurs usines ou leurs ateliers, se retirent de l'industrie; des jeunes gens, au lieu de continuer la carrière de leur père, cherchent des situations calmes, réalisent les bénéfices acquis, entrent dans l'armée, entrent dans la magistrature, entrent dans les fonctions publiques; et, loin de contribuer à alimenter le budget, ils en deviennent parties prenantes.

Ce sont là des phénomènes inquiétants que signalait aussi pour l'Angleterre Lord Salisbury au mois de décembre 1895. Je vais citer quelques chiffres qui montreront combien est lourde une grève, à certains moments, pour une industrie. Je prends des chiffres constatés de la manière la plus nette.

La grève des mineurs du Pas-de-Calais, en 1893, a représenté 1,772,000 journées perdues, et une perte de salaires de 10,600,000, ce qui remet la journée à plus de 5 fr. 95.

Il est évident que les mineurs auraient eu plus de profit à mettre cette somme à la Caisse d'Épargne.

En 1894, il n'y a pas eu de grosses grèves: l'Office du Travail constate 1,062,000 journées perdues, qui, en admettant un chiffre de 4 francs l'une, ce qui est un minimum, donneraient 4,248,000 francs.

En Angleterre, la *Labour Gazette* constate que les grèves ont affecté 625,000 personnes en 1893, 306,000 en 1894 ; mais elle ne donne pas le nombre des journées perdues. M. Carroll Wright indique que les grèves qui ont eu lieu aux États-Unis, de 1881 à 1886, représentent la part suivante en salaires :

Grèves, 52 millions de dollars, en chiffres ronds : 260 millions de francs ; Lock outs (manufacturiers qui ont fermé parce qu'ils ne pouvaient plus s'entendre avec leurs ouvriers) : 8 millions de dollars, soit un total de 60 millions de dollars ou de 300 millions de francs.

Les employeurs auraient perdu 34 millions de dollars, soit 170 millions de francs. Ce serait donc un ensemble de pertes de 94 millions de dollars, ou de 470 millions de francs, soit, en six ans, un tribut payé à la grève de 70 millions de francs par an. C'est un impôt qui compte !

De 1887 au 30 juin 1894, il y a eu, aux États-Unis, 10,482 grèves et 442 lock outs. Les grèves ont fait perdre aux ouvriers 111 millions de dollars, soit 555 millions de francs, et les locks outs 18 millions et demi de dollars, soit 92,500,000 francs. Les employeurs ont perdu 53 millions et demi de dollars (267 millions de francs) à la suite des grèves, et 8,800,000 dollars (44 millions de francs) à la suite des lock outs, soit, pour les ouvriers et les employeurs, 859 millions de francs qui, divisés par six années, donnent un tribut annuel de près de 160 millions de francs, sans compter les répercussions.

Or, ces répercussions sont considérables. On estime la valeur de la propriété détruite par la grève de Pittsburg, en 1877, à 25 millions de francs. Elle intercepta des trains, détruisit des voitures, des magasins. Certaines grèves ont pris le caractère de véritables insurrections : à Cœur d'Alène, dans l'État d'Idaho, les mineurs massacrent, pillent et ne sont désarmés qu'après une bataille dans laquelle furent faits 250 prisonniers. Dans l'État de Tennessee, les mineurs assiègent Coal Creek, s'en emparent et leur grève ne finit que par un combat. A Buffalo, sur l'Érié, en 1892, les aiguilleurs brisent les aiguilles et les sémaphores, incendient plusieurs centaines de wagons remplis de coton et de marchandises. Il fallut 13,000 hommes pour les réduire. Dans la grève des Pulman Cars, de juin et de juillet 1894, on dut employer 14,000 hommes de troupe et de police. Le nombre des tués et grièvement blessés fut de 12 ; celui de personnes arrêtées de 515. Les pertes, dans cette dernière grève, se chiffrent de la manière suivante, d'après le rapport officiel.

Propriété détruite, 3 millions et demi de francs ; salaires des employés de chemins de fer, 25 millions de francs ; des employés de Pulman, 1,750 mille francs ; pertes pour défaut de transport, 80 millions de dollars, soit 400 millions de francs. Et il y a bien d'autres pertes que je ne compte pas,

Quand une grève se déclare dans un pays, comme à Graissessac, comme dans le Nord, dans le Pas-de-Calais, comme à Carmaux, c'est la ruine de tous les petits commerçants. Ils n'osent pas refuser du crédit, et, d'un autre côté, le moyen commerce continue à leur fournir autant qu'il le peut; les échéances arrivent, ils ne peuvent pas payer, et alors il y a répercussion sur le petit commerçant qui est ruiné, répercussion sur le commerçant en demi-gros qui supporte toujours des pertes considérables et en fait supporter à ses fournisseurs.

Voilà les résultats économiques des grèves. Bien loin qu'en général, elles aboutissent à un résultat utile au point de vue de l'augmentation des salaires, nous pouvons mettre en fait qu'étant destructives du capital, éloignant le capital de l'industrie, provoquant l'incertitude pour l'avenir, enfin supprimant un certain nombre des éléments qui sont indispensables pour que des industries soient prospères, on doit les considérer comme ayant une tendance à abaisser plutôt les salaires qu'à les augmenter. Les statistiques relatives à l'augmentation des salaires prouvent que le salaire des femmes a augmenté dans une proportion beaucoup plus considérable, relativement, que le salaire des hommes, et cependant les femmes, excepté les cigarières ou les allumettières, se mettent rarement en grève. Pourquoi cette augmentation du salaire des femmes a-t-il été plus considérable relativement, que l'augmentation du salaire des hommes? Tout simplement parce que pour la plupart des familles le premier signe du bien-être, c'est d'avoir une domestique, et, en raison du développement de la richesse, il y a une augmentation de demandes considérable pour la main-d'œuvre féminine. Le salaire des femmes aurait augmenté encore dans une plus grande proportion sans la protection dont les législateurs, prétendus tutélaires, ont voulu entourer le travail des femmes. Ils leur ont supprimé certains métiers. La loi de 1892 leur a interdit le travail de nuit et ne leur a permis le travail de nuit que pendant quelques jours par an, et dans certaines conditions extrêmement désagréables. Des hypocrites ont dit que c'était pour protéger le travail des femmes..... En réalité, le but des promoteurs de cette législation a été de réserver le monopole, autant que possible, de certains travaux aux hommes. Je cite un fait que je connais bien. On autorise les femmes à être plieuses de journaux, à être brocheuses de journaux, à la condition qu'elles ne travaillent qu'un certain nombre d'heures par nuit. Du reste, les inspecteurs du travail constatent eux-mêmes que ces dispositions ne sont observées nulle part et que des femmes plient des journaux dans une imprimerie et s'en vont dans une autre, afin de tromper les inspecteurs du travail sur la quotité réelle de leurs heures de travail, ce qui les expose et ce qui expose leurs patrons à des procès-verbaux, ce qui leur fait subir des corvées en plus de celles qu'exigerait le travail, si elles pouvaient le faire librement et régulièrement.

Mais il y a un travail qu'on leur a interdit complètement la nuit : c'est le travail de la typographie. Dans leur intérêt? Pas du tout, c'était uniquement pour réserver la typographie de nuit aux hommes. Il faut beaucoup se méfier des mesures philanthropiques qui sont prises pour protéger les femmes, et aussi les hommes : souvent, elles cachent de très mauvais sentiments.

La richesse d'un pays est donc en raison de la valeur des capitaux fixes, de l'élévation du taux des salaires, du bon marché des capitaux circulants.

Toutes les mesures de protection qui ont pour résultat de baisser le taux des salaires, de même que celles qui ont pour but de rehausser le prix des capitaux circulants, ne sont que des instruments de ruine.

CHAPITRE IX.

LES CONCEPTIONS SOCIALISTES ET LES FAITS.

I. La prétention du socialisme. — Représenter la démocratie. — L'égalité dans la misère. — Les utopistes du communisme. — Nulle influence. — Saint-Simon. — L'apothéose de la civilisation économique. — Fourier. — Louis Blanc. — L'organisation du travail. — Naïvetés. — Proudhon. — II. Karl Marx et Bakounine. — Lassalle. — La loi d'airain des salaires. — Karl Marx. — Le surtravail. — Le taux de la plus-value. — Capital constant et capital variable. — Le profit du fabricant. — Les éléments négligés par Karl Marx. — Sa loi de la valeur n'est qu'une conception subjective, en dehors de toute réalité. — Aveux de Karl Marx et d'Engels. — III. L'exploitation de ces sophismes. — Programme du Havre, 1880. — Le mystère dont les socialistes enveloppent l'avenir. — Réponse de Bebel. — Bellamy. — M. Richter. — Le socialisme, c'est le communisme. Déclaration de M. Paul Lafargue. — IV. Caractère régressif du socialisme. — Suppression de la propriété individuelle. — Suppression de l'échange. — Suppression des contrats privés. — Écrasement des forts par les faibles. — Stagnation. — Augmentation de charges. — Écrasement de l'individu. — Substitution de la concurrence politique à la concurrence économique. — Tyrannie socialiste. — Contradiction : liberté politique, servitude économique. — V. Les moyens de transition. — Benoit Malon. — Jules Guesde. — Paul Lafargue. — Le socialisme révolutionnaire. — VI. Le socialisme chrétien. — M. Ketteler. — Le chanoine Monfang. — Le programme de M. Chesnelong. — MM. de Mun et Lafargue. — VII. Législations socialistes. — Les catholiques en Belgique. — Le socialisme tory en Angleterre. — La législation socialiste de M. de Bismarck. — La marche au collectivisme. — VIII. Contre le socialisme. — Bradlaugh contre Hyndman. — Devoir des libéraux. — Erreur des radicaux.

I.

Quelle est la situation du socialisme à l'égard des faits?

Qu'est-ce que le socialisme d'abord ? Je ne vais pas en donner immédiatement une définition. Le socialisme contemporain émet la prétention de rejeter tous ceux qui ne sont pas socialistes, hors de la démocratie, et de s'en attribuer le monopole. Volontiers il appelle tous ses adversaires des réactionnaires ; et il ajoute que, nous économistes, nous représentons l'école dure. Il va même jusqu'à déclarer que nous nions la misère et, de temps en temps, je vois, dans des journaux socialistes, une petite épigraphe intitulée : « La misère n'existe pas, » et on la fait suivre de ma signature. Comme je connais la misère des Fuégiens, des Pécherais et autres peuplades sauvages, je n'ai jamais dit cette absurdité qui ne prouve que les procédés de politique des aimables farceurs qui me l'attribuent. Je suis bien obligé de reconnaître que la misère existe dans les civilisations les plus avancées en évolution. Toute la question est de savoir si elle s'est développée depuis nos ancêtres de l'âge de la pierre brute, ou si au contraire elle s'est amoindrie. Il est évident qu'à cette époque, il y avait une égalité générale dans la misère de tous. Chez les Fuégiens, il y a plus d'égalité qu'il n'y en a en Angleterre et même en France. Mais, à coup sûr, si le dernier de nos mendiants était mis en présence de la vie du plus fortuné, si je puis me servir de ce terme, des habitants de la Terre de Feu, il reculerait avec épouvante et il demanderait à retrouver les haillons qui le couvrent, les chaussures plus ou moins mauvaises qui protègent ses pieds, les abris précaires qui le préservent de la pluie et de la neige, le pain de froment, les pommes de terre, l'assiette de soupe et enfin le verre de wisky ou d'eau-de-vie qui sont la joie de sa vie.

Si nous essayons de découvrir dans l'histoire des idées les traces des idées socialistes ; si nous remontons à Platon, nous voyons que l'humanité, bien loin de revenir à ses rêveries éloquentes, n'a cessé d'essayer de s'en dégager. Ni Campanella, ni Thomas Morus, ni Fénélon en son tableau de la Bétique, n'ont eu aucune influence sur le développement de l'esprit humain. Le *Code de la Nature* de Morelli n'a abouti qu'à la conspiration de Babeuf. Au XIXe siècle, nous voyons certainement, à la tête de ce qu'on appelle le mouvement socialiste, un homme de premier ordre : Saint-Simon. Mais il y a deux choses dans Saint-Simon : il y a toute une partie qui a vieilli, qui a disparu sans laisser de traces ; il y a, au contraire, une autre partie qui a survécu, et celle-ci, on peut le dire, est purement économique. La partie qui a survécu chez Saint-

Simon, c'est l'apothéose de l'industrie ; c'est la prévision du développement de la civilisation économique dans le XIXe siècle. Vous vous rappelez tous son hypothèse. Il suppose que les rois, les nobles authentiques, les ministres, les grands généraux, les grands amiraux, les grands hommes d'État, les chefs du clergé, disparaissent ; il ne considère pas que l'humanité va être très affectée par ce cataclysme ; il suppose qu'au contraire ce soient les banquiers, les grands industriels, les grands commerçants, les grands armateurs qui disparaissent, et il déclare que, le lendemain, l'humanité sera beaucoup plus troublée par la disparition des seconds que par la disparition des premiers. Il distinguait deux partis dans la nation : le parti national et le parti antinational ; le premier se compose de tous ceux qui exécutent et dirigent les travaux utiles ; le second de tous ceux qui consomment sans produire, de tous ceux qui professent des principes politiques dont les applications tendent à priver les industriels du premier degré de considération sociale. Il commettait une erreur en croyant que les industriels, les savants, les artistes, sont préparés par leurs travaux antérieurs à diriger les affaires politiques d'un pays de manière « à établir l'administration des affaires publiques la plus favorable à la culture, au commerce et à l'industrie. » Mais il avait raison de donner aux producteurs une idée de l'importance de leur rôle et d'essayer de leur faire comprendre que si les nations n'existent que par eux, ils doivent prendre une part importante à leur direction.

Fourier se prétendait extrêmement libéral, tout en réglant la vie de chacun comme une horloge, mais à sa fantaisie ; il a abouti à l'Icarie de Cabet. On a essayé d'appliquer les idées et les rêveries de Fourier et l'Icarie de Cabet au Texas. Les épisodes de cette tentative sont dignes de sa conception. Ses promoteurs se procurèrent des capitaux, ils eurent des terrains et, au bout de quelques années, ils se dispersèrent.

Le livre de Louis Blanc : l'*Organisation du travail* est encore un modèle de pamphlet socialiste. La plus grande partie en est consacrée à la description des plaies de l'humanité et de la misère humaine.

Cette pathologie sociale plus ou moins fantaisiste, est très dramatique, très littéraire, très éloquente ; il gémit pompeusement sur les maux qui peuvent frapper les travailleurs, et il termine par sa conception ridicule des ateliers nationaux. Il accepte cependant une concurrence, il ne demande pas l'expropriation violente des industries existantes, mais il déclare que « ces ateliers, qui seront établis avec les budgets de l'État, auront une telle puissance que la concurrence privée ne durera pas longtemps. » Il le dit naïvement, sans s'apercevoir même de l'immoralité de sa proposition ; car se servir du budget de l'État pour ruiner une partie des contribuables, ne peut être considéré comme représentant la justice sociale de la part de l'État.

Passons. On trouve dans ce livre des formules de ce genre : « A chacun selon ses besoins ; à chacun selon ses capacités. » Comme les besoins n'ont pas d'autres limites que les désirs ; comme les désirs sont essentiellement subjectifs ; comme, par conséquent, les besoins sont indéfinis, si chacun a droit à leur satisfaction, je me demande quelles seraient les richesses du monde qui pourraient y pourvoir. Cependant il y a encore des socialistes qui répètent, plus ou moins atténuée, cette formule ; qui, au moins s'inspirent de son esprit, tout en se donnant une attitude de dogmatisme scientifique. L'organisation de ces ateliers était naturellement bienveillante, car tous les utopistes ont essayé de joindre, à une organisation militarisée du travail, une certaine conception de la liberté. Et alors, comme sanction, contre la paresse, Louis Blanc plaçait des écriteaux, dans les ateliers, portant cette inscription : « Celui qui ne travaille pas est un voleur. »

En pratique, la conception de Louis Blanc a abouti aux ateliers nationaux de 1848 et aux journées de juin.

Enfin, il y a un autre homme, très confus, très trouble, Proudhon, qu'on peut également appeler le père du socialisme et le père de l'anarchie. Proudhon a laissé dans le monde un certain nombre d'adages qui ont étonné de son temps ; ce sont des espèces de défis jetés à la langue et aux idées : prendre deux mots contradictoires et dire que ces deux mots sont identiques, c'est facile; si cela peut surprendre, cela ne prouve rien. Dire que la propriété c'est le vol; dire que le meilleur gouvernement c'est l'anarchie, ce sont des tours de passe-passe qui peuvent évidemment amuser les badauds, mais qui ne reposent sur aucune espèce de réalité [1]. Puis il a lancé sa grande conception de la banque d'échange qui supprimait la monnaie et la remplaçait par des petits bons de papier. Il n'oubliait qu'une chose : en établir la valeur. Comment un peintre se procurera-t-il, si personne n'a besoin de ses tableaux, les bons grâce auxquels il pourra payer son boucher, son épicier, son tailleur? Enfin il prophétise, il recommande la gratuité du crédit sous toutes les formes; il nie la légalité du taux de l'intérêt.

II.

Deux hommes peuvent être considérés comme des fils de Proudhon : Karl Marx et Bakounine. L'un et l'autre ont été en rapport avec lui. Le premier manifeste de Karl Marx date de 1847. Ils ont évidemment subi son influence. Seulement son influence s'est transformée dans des cerveaux qui n'ont rien de français. Karl Marx

1. Voir mes études sur la *Philosophie de Proudhon. La Pensée nouvelle*, 1869. — *Proudhon*, par M. Arthur Desjardins.

est allé du côté du socialisme, Bakounine du côté de l'anarchisme. Tous les deux ont fondé l'internationale, puis ils se sont violemment séparés. Actuellement, on peut dire que tout socialisme se réclame des théories de Karl Marx. Mais le socialisme allemand était tiraillé d'un autre côté par Lassalle, et le congrès de Gotha, de 1875, qui réunit la fraction marxiste et la fraction lassalienne, formula les deux lois... (Quand je dis lois, je me sers du mot dont Lassalle et dont Karl Marx se sont servis) à l'aide desquelles ils ont essayé de justifier intellectuellement le mouvement socialiste. Du côté de Lassalle, c'est la loi d'airain des salaires. Prenant une phrase de Ricardo, qui, lui-même, l'avait prise à Turgot, il déclarait que jamais le travailleur ne pouvait gagner au delà de ce qui était nécessaire à sa subsistance[1]. Si cette loi d'airain agissait, quand le prix du pain diminue, le prix des salaires devrait diminuer. Si cette loi agissait, il devrait y avoir égalité de prix entre tous les travailleurs dans le même pays, dans le même milieu. Or, comme les faits sont en complète contradiction avec cette affirmation; que, dans la même ville, dans le même corps de métier, il y a des différences de salaires qui peuvent varier de 50 à 100 0/0, selon la capacité professionnelle, selon le caractère des diverses industries; comme, d'un autre côté, les faits ont

1. Voir *Tyrannie socialiste*, par Yves Guyot.

prouvé que, malgré la baisse considérable du prix de la plupart des matières nécessaires à la vie, les salaires n'ont pas cessé d'augmenter, la loi d'airain des salaires a pris un caractère tellement absurde qu'il a choqué les socialistes eux-mêmes et que, depuis 1875, les Allemands n'en ont pas renouvelé l'affirmation dans leurs programmes. En France, dans des réunions publiques, on en parle volontiers: cela ne tire pas à conséquence. La loi d'airain, c'est une métaphore et, quelques jours après mon discours du 8 mai 1893, à la Chambre des députés, dans lequel j'avais dénoncé les agissements de la Bourse du Travail, des délégués d'un syndicat, qui venaient me demander « une réparation bourgeoise », après avoir causé avec moi pendant quelque temps, me dirent : — Eh bien, vous ne voulez donc abroger ni la loi de l'offre et de la demande, ni la loi d'airain des salaires? On voit comment elle se transforme dans la tête de gens naïfs qui se figurent que c'est une loi qu'a formulée la bourgeoisie; qui est inscrite dans un papier quelque part, et que, si nous ne l'abrogeons pas, c'est que nous y mettons de la mauvaise volonté.

Quant à l'autre formule elle appartient à Karl Marx : c'est la loi du surtravail.

Pour que les socialistes ne puissent pas m'accuser de la dénaturer, je vais citer textuellement des extraits du chapitre IX de son *Capital*[1].

1. Karl Marx, *Le Capital*, extraits faits par M. Paul Lafargue. Guillaumin, éd.

Voici comment il explique le taux de la plus-value :

« Le capital constant consommé dans l'acte de la production sous forme d'usure de machines, de matières auxiliaires et de matières premières, reparaissant dans le produit sans lui ajouter de nouvelle valeur, peut être éliminé dans le calcul pour trouver le taux de la plus-value. Le capital variable consacré à l'achat de la force de travail étant au contraire le créateur de la plus-value, il est évident que c'est le rapport de la plus-value au capital variable qui détermine le taux de cette plus-value : ou $\frac{p}{v}$, p représentant la plus-value et v le capital variable.

« Nous avons vu que l'ouvrier, pendant une partie du temps qu'exige une opération productive donnée, ne produit que la valeur de sa force de travail, c'est-à-dire la valeur des subsistances nécessaires à son entretien. Le milieu dans lequel il produit étant organisé par la division spontanée du travail social, il produit sa subsistance, non pas directement, mais sous la forme d'une marchandise particulière, sous la forme de filés, par exemple, dont la valeur égale celle de ses moyens de subsistance ou de l'argent avec lequel il les achète. La partie de sa journée de travail qu'il y emploie est plus ou moins grande, suivant la valeur moyenne de sa subsistance journalière ou le temps de travail moyen exigé chaque jour pour le produire. Lors même qu'il ne travaillerait pas pour le capitaliste, mais seulement pour lui-même, il devrait, toutes circonstances étant égales, travailler en moyenne, après comme avant, la même partie aliquote du jour pour gagner sa vie. Mais comme dans la partie du jour où il produit la valeur quotidienne de sa force de travail, soit 3 francs, il ne produit que l'équivalent d'une valeur déjà payée par le capitaliste, et ne fait ainsi que compenser une valeur par une autre, cette production de valeur n'est en fait qu'une simple reproduction. Je nomme donc « temps de travail nécessaire » la partie de sa journée où cette production s'accomplit et « travail nécessaire » le travail dépensé pendant ce temps ; nécessaire pour le travailleur, parce qu'il est indépendant de la forme sociale de son travail ; nécessaire pour le capital et le monde capitaliste, parce que ce monde a pour base l'existence du travailleur.

« La période d'activité qui dépasse les bornes du travail nécessaire, coûte, il est vrai, du travail à l'ouvrier, une dépense de force, mais ne forme aucune valeur pour lui. Elle forme une plus-value qui a pour le capitaliste tous les charmes d'une création *ex nihilo*. Je nomme cette partie de la journée de travail, *temps extra*, et le travail dépensé en elle *surtravail*. S'il est d'une importance décisive pour l'entendement de la valeur en général de ne voir en elle qu'une simple coagulation de temps de travail, que du travail réalisé, il est d'une égale importance pour l'entendement de la plus-value de la comprendre comme une simple coagulation du temps de travail extra, comme du travail réalisé. Les différentes formes économiques revêtues par la société, l'esclavage par exemple, et le salariat ne se distinguent que par le mode dont ce surtravail est imposé et extorqué au producteur immédiat, à l'ouvrier.

« Le taux de la plus-value est donc l'expression exacte du degré d'exploitation de la force de travail par le capital ou du travailleur par le capitaliste. »

Karl Marx a voulu préciser par des faits. Je cite le premier de ceux qu'il invoque :

« Entrons dans une filature. Les données suivantes appartiennent à l'année 1871 et m'ont été fournies par le fabricant lui-même. La fabrique met en mouvement 10,000 broches, file avec du coton américain des filés n° 32 et produit chaque semaine une livre de filés par broche. Le déchet du coton se monte à 6 0/0. Ce sont donc par semaine 10,600 livres de coton que le travail transforme en 10,000 livres de filés et 600 livres de déchet. En avril 1871, ce coton coûtait 0 fr. 806 par livre et conséquemment, pour 10,600 livres, la somme ronde de 8,550 francs. Les 10,000 broches, y compris la machine à filer et la machine à vapeur, coûtent 25 francs la pièce, c'est-à-dire 250,000 francs. Leur usure se monte à 10 0/0 = 25,000 francs, ou chaque semaine 500 francs. La location des bâtiments est de 150 francs par semaine. Le charbon (100 francs par heure et par force de cheval, sur une force de 100 chevaux donnée par l'indicateur et 60 heures par semaine, y compris le chauffage du local) atteint par semaine le chiffre de 11 tonnes et à 10 fr. 60 par tonne, coûte chaque semaine 116 fr. 60; la consommation par semaine est également pour le gaz de 25 francs, pour l'huile de 112 fr. 50, pour toutes les matières auxiliaires de 250 francs. La portion de valeur constante par conséquent = 9,450 francs. Puisqu'elle ne joue aucun rôle dans la formation de la valeur hebdomadaire, nous la posons égale à zéro. Le salaire des ouvriers se monte à 1,300 francs par semaine, le prix des filés à 1 fr. 275 la livre est pour 10,000 livres de 12,750 francs. La valeur produite chaque semaine est par conséquent de 12,750 — 9,450 fr. = 3,300 francs. Si maintenant nous en déduisons le capital variable (salaire des ouvriers) = 1,300 francs, il reste une plus-value de 2,000 francs. Le taux de la plus-value est donc $\frac{2.000}{1.300}$ = 153 0/0. Pour une journée de dix heures, par conséquent, le travail nécessaire = 3 h. 21/33 et le surtravail = 6 h. 2/33. »

Karl Marx a soin de dire lui-même : « en avril 1871 le coton coûtait 0 fr. 806 la livre. » En avril, et non pas en mars ni en mai. En avril, cours moyen, mais le cours moyen ne représente pas les maxima ni les minima, il n'indique pas le prix exact auquel ce manufacturier avait acheté ce coton en laine. Voilà donc un aveu que le cours de la matière première est variable. Or, s'il est variable, il subit des hausses ou des baisses. Les bénéfices du fabricant baisseront ou monteront relativement au prix de la matière première; et le prix de la vente des produits restera-t-il à un taux uniforme ? Ce taux varie à tout instant. Si le fabricant a fait des marchés pour se procurer la matière première à un cours de *A* et que le cours augmente, il gagne. Dans le cas contraire, il perd. S'il a consenti des marchés pour la vente de ses produits au taux de *B*, il perd si le cours monte, il gagne si le cours baisse. Ce gain et cette perte dépendent du cours de la matière première et des variations des débouchés.

Voilà donc un certain nombre de conditions qui rendent fort inconstant le capital que Karl Marx nous présente comme constant. Il y a encore bien d'autres coefficients de circonstance : les capitaux et le crédit de l'industriel. Ce ne sont point des quantités négligeables. S'il a, dans une large mesure, ces moyens d'action, il peut acheter et vendre dans de meilleures conditions, qu'un concurrent qui, pour un motif ou un autre, n'a que des capitaux restreints et un crédit précaire. Enfin Karl Marx oublie complètement la valeur de la direction de l'entreprise : elle compte bien cependant pour quelque chose. Sans l'initiative, la situation personnelle, l'art de grouper des capitaux de tel industriel, l'industrie n'aurait pas existé. Habile, il la maintient et la développe : maladroit, il la fait péricliter, et le jour où elle tombe, il n'y a plus de surtravail, car il n'y a plus de travail du tout.

Ces faits sont tellement évidents que Karl Marx,

dans son troisième volume du *Capital*, et Engels, dans les commentaires qu'il en a faits, sont obligés de déclarer qu'aucune réalité actuelle ne correspond à la conception de la valeur résultant du temps du travail. Engels prétend que la loi de la valeur de Marx était toutefois générale « pour toute la période de la production simple des marchandises, du commencement de l'échange transformant les produits en marchandises au commencement du xve siècle de notre ère. » Alors que devient l'exemple de la filature de coton de 1871 que je viens de citer? Si le bénéfice du salariant n'est que le gain qu'il fait sur le surtravail de l'ouvrier, comment fait-il tous ses efforts pour diminuer le nombre de ses ouvriers et les remplacer par des machines?

Engels approuvant[1] l'exposé qu'a fait un professeur allemand, M. Werne Lombart, du système de Karl Marx, le résume ainsi : « La valeur n'apparaît pas dans l'échange des marchandises suivant le mode capitaliste : elle n'est pas conçue par les agents de la production capitaliste : ce n'est pas un phénomène empirique, mais un phénomène logique, un phénomène de pensée. Le concept de valeur dans sa détermination matérielle chez Marx n'est que l'expression économique du phénomène de la force productive du travail social, devenant la base de la réalité économique : la loi de la valeur, dans

1. *Le Devenir social*, novembre 1895. *Complément et Supplément au IIIe livre du capital.*

un ordre économique capitaliste, gouverne les phénomènes économiques en dernière instance : ce qui veut dire que d'une façon tout à fait générale pour cet ordre économique, la valeur des marchandises est la forme spécifique historique où, en dernière instance, vient s'achever la force productive du travail qui domine tous les phénomènes économiques. »

En un mot si Engels prétend que la loi de la valeur de Karl-Marx a existé, il considère qu'elle est morte depuis le XVe siècle. Les marxistes reconnaissent que c'est une conception logique, mais qu'aucun des actes de l'échange qui ont lieu dans notre civilisation n'y correspond. Elle n'est pas plus conforme à la réalité que la loi d'airain des salaires, qui lui sert de base du reste, comme on l'a vu à la première ligne de la citation que j'ai faite. C'est sur ces deux concepts subjectifs, dont la fausseté objective est avouée par Karl Marx et Engels eux-mêmes que le prétendu socialisme scientifique a été établi, et qu'au point de vue intellectuel il entraîne les populations.

III.

Si ce mouvement n'avait été provoqué que par ces deux prétendues lois scientifiques, il se serait arrêté vite. Mais elles ont apparu à ceux à qui on en parle, d'une tout autre manière. Je citais l'exemple, tout à l'heure, de la loi d'airain des salaires, de Lassale, et je disais de quelle manière elle se transformait dans l'imagination des socialistes naïfs. D'un autre côté, la loi du surtravail, de Karl Marx, s'est traduite de la manière la plus simple. On a dit aux ouvriers que le « le capital vampire » s'engraissait de leur sueur. On a dit que la loi devait intervenir pour les faire travailler moins ; on est arrivé à la formule de la journée de huit heures, que M. Vaillant et les trade unions australiennes ont abaissée à six heures ; que M. Hyndman a déterminée à quatre heures ; que M. Lafargue a réduite à trois heures ; que M. Reindsdorf, devant le tribunal de Leipzig, a limitée à deux heures ; que le Dr Joynes a bornée à 1 heure 1/2, en attendant le protagoniste du zéro... seul chiffre qui défie une surenchère ! Or, du moment que des charlatans, eux-mêmes dans l'absurde, disaient à ceux qu'ils voulaient séduire : « Il y a, quelque part, une providence qui s'appelle l'État ; vous en êtes les maîtres, puisque vous avez le droit de suffrage ; insistez auprès de lui pour qu'il diminue votre surtravail ; il dépend de lui, par conséquent, de vous, que vous travailliez moins, » il était tout simple qu'une grande partie des gens, qui croient volontiers ce qu'ils désirent, obéissent à ses suggestions. Ce que j'admire, c'est que cette chimère ne se soit pas imposée à un plus grand nombre d'ouvriers ; que la plupart d'entre eux, sans se lancer dans de grands raisonnements, mais voyant la vie par elle-même, d'après leur petite expérience, comprennent que, dans ces horizons mystérieux et lointains qu'on leur montre, il y a un inconnu dont il est peut-être prudent de se garer.

Je prends maintenant le programme du parti socialiste français, qui a été adopté au congrès tenu au Havre dans la salle de l'Union lyrique en novembre 1880, sur l'insistance de M. Jules Guesde, programme qui avait été arrêté d'accord avec Karl Marx et avec Paul Lafargue. Je ne citerai que les quatre ou cinq paragraphes caractéristiques :

« 1re Question : De la propriété. Considérant qu'il n'y a d'émancipation possible pour les travailleurs que dans la possession de l'instrument de travail et de la matière première ;

« Considérant que cette possession des moyens de production ne saurait être individuelle parce que, ne fût-elle pas antiéconomique, elle ne tarderait pas à donner lieu à toutes les inégalités sociales d'aujourd'hui ;

« Considérant que cette possession ne saurait être davantage corporative ou communale ;

« Considérant, d'autre part, que cette prise de possession ne peut être opérée que par la révolution sociale ;

« Le Congrès national ouvrier socialiste du Havre déclare nécessaire l'appropriation collective, le plus vite possible et par tous les moyens, du sol, du sous-sol, des instruments de travail, cette période étant considérée comme une phase transitoire vers le communisme libertaire.

2° Question : Le salariat. Considérant que la réunion des délégués au 4° Congrès national socialiste ouvrier a reconnu qu'il n'y avait aucune réforme possible qui puisse non seulement changer, mais même améliorer la position des salariés ;

« Considérant que la nouvelle organisation sociale ne peut avoir pour base que l'appropriation collective du sol, sous-sol, instruments de travail ou de production, déclare :

« Que le seul but que doivent se proposer les salariés est d'arriver le plus tôt possible à cette transformation.

« Pour atteindre ce but, le Congrès déclare que les travailleurs doivent s'organiser en parti entièrement distinct, opposé à la bourgeoisie, en formant le plus grand nombre possible de chambres syndicales, groupes, sociétés ouvrières, cercles d'études ou toute autre forme de groupes révolutionnaires, établis dans chaque localité, s'unissant par cantons et se fédérant par régions.

« Considérant, en outre, qu'il est nécessaire que les travailleurs aient le temps de s'occuper de leurs intérêts et de la chose publique, le Congrès conseille de faire de l'agitation pour la réduction de la journée de travail à huit heures.

« Considérant en outre que les grèves sont les conséquences de l'ordre social actuel, et un moyen d'agitation, d'action et d'organisation, le Congrès invite les travailleurs à former, dans toutes les villes, un comité permanent des grèves. »

Le Congrès terminait en décidant de mettre à l'ordre du jour du prochain Congrès : « De l'organisation sociale au lendemain de la Révolution. »

Mais je dois dire que les socialistes restent extrêmement mystérieux sur ce point. M. Bebel, interpellé, le 3 février 1893, au Reichstag sur le caractère de la société qui éclorait le lendemain de la révolution sociale, répondit aux catholiques : « Nous ne vous demandons pas de détails sur la vie future dont vous nous parlez sans cesse. Pourquoi nous en demandez-vous sur la société future ? » La réponse pouvait être spirituelle, mais elle n'était pas de nature à satisfaire ceux qui demandent à un parti politique, qui leur dit qu'il tient en réserve des merveilles, quel est le caractère et la nature de ces merveilles.

Un américain, M. Bellamy, a essayé, dans un volume intitulé : *Cent ans après,* de décrire l'organisation sociale telle qu'on peut la déterminer d'après les formules des socialistes actuels. C'est presque aussi enfantin et naïf que les anciennes utopies. Les socialistes ont été furieux ; ils ont reproché à M. Bellamy d'avoir détruit les rêveries des uns, d'avoir montré des naïvetés qui ont fait sourire les autres et d'avoir fait une œuvre nuisible au parti socialiste. M. Richter, dans un tout autre sens, a fait un tableau moitié grotesque, moitié dramatique de la société socialiste au lendemain de la révolution sociale. On a dit à M. Richter qu'il n'avait pas le droit d'émettre de pareilles hypothèses, mais M. Richter pouvait répondre : « Puisque vous n'en émettez pas vous-mêmes ; puisque vous laissez ce domaine, auquel vous voulez nous faire aborder, complètement vide, nous avons le droit, chacun pour notre compte, de le remplir avec des conceptions déduites de vos prémisses. »

Je laisse de côté ces rêveries ; je me borne à rappeler que M. Paul Lafargue a dit, de la manière la plus nette, que le socialisme aboutit au communisme. Le mot collectivisme n'est qu'une contrefaçon belge du mot communisme. Il a déclaré que ce mot n'avait été adopté que pour atténuer les préjugés que le mot communisme rencontre encore, mais, qu'en réalité, l'idéal poursuivi par les socialistes, c'était bien le communisme. Dans son étude sur l'*Évolution de la propriété*, il a exposé une conception du progrès en spirale, d'après laquelle il nous a ramené au communisme primitif. Pour lui, le mot de révolution est pris dans le sens des astronomes : l'humanité doit retourner à son point de départ. Par conséquent, ce n'est pas moi seulement qui dis que le socialisme a un caractère régressif, c'est un de ses docteurs les plus autorisés, autorisé par les publications qu'il a faites, par la foi qu'il inspire, par sa parenté avec Karl Marx.

IV.

Mais n'eussé-je pas cette autorité à invoquer que je pourrais également montrer en quelques mots le caractère régressif du socialisme. J'ai prouvé qu'au fur et à mesure que la personnalité humaine se développait, la propriété individuelle se dégageait et s'accentuait. Le socialisme, en réalité, le communisme a pour but et pour objet de supprimer la propriété individuelle, de nous ramener vers la propriété collective et, par conséquent, à ce point de vue, nous avons le droit de dire qu'il est rétrograde.

J'ai montré que la notion de l'échange ne s'était développée que peu à peu dans l'humanité; qu'elle était un caractère des hautes civilisations. Or, dans la civilisation socialiste, l'échange est supprimé; la production des richesses se fait par ordre, la répartition se fait également par arrangements d'autorité; et je rappelle ici une des caractéristiques du progrès qui a été dégagée par M. Sumner Maine. Partant des communautés de l'Inde, suivant ses études juridiques à travers les transformations de l'humanité, il en arrive à formuler cette loi: c'est qu'on peut considérer comme un critérium du progrès *la substitution des contrats privés aux arrangements d'autorité, la notion de la convention particulière à la notion de l'État.* Or, la civilisation socialiste supprime le contrat privé, supprime les conventions particulières et nous ramène, par conséquent, à l'arrangement d'autorité. Elle a donc un caractère régressif. Les socialistes montrent la suppression du travail comme un idéal, et annoncent sa disparition pour le jour où le communisme serait installé. Je ne m'arrête pas à cette hypothèse. Il est évident qu'il y aura toujours du travail, et il y en aura d'autant plus que la conception socialiste repose sur l'erreur suivante... Je vais dire quelque chose qui paraîtra appartenir à l'école dure, mais qui n'est que la vérité : l'humanité ne se développe que par l'effort ; c'est l'entraînement des forts, c'est l'entraînement des plus aptes à la vie et à l'existence qui provoque le progrès dont bénéficient les autres. Le progrès ne se fait jamais que par des minorités ; ce n'est pas l'humanité tout entière qui invente la machine à vapeur ; ce n'est pas l'humanité tout entière qui découvre les grandes conceptions qui ont transformé le globe, qui découvre même les plus simples appareils mécaniques : ce sont des individus ou de petits groupes d'individus. Nous pouvons même ajouter que l'humanité y est rebelle. Aujourd'hui encore, si nous interrogions la masse des 1,500 millions d'habitants qui existent sur le globe, nous constaterions que la très grande majorité ne comprend pas une seule des merveilles que nous utilisons tous les jours et qu'elle en nie encore beaucoup. La conception socialiste, c'est la subordination des forts aux faibles: c'est là le côté altruiste du socialisme et je dirai le côté séduisant pour les âmes tendres; mais prenez garde: si vous chargez les forts du poids de tous les faibles; si vous dites aux faibles qu'ils ont le droit de faire peser toute leur inertie, tout leur poids mort sur les forts, vous écrasez les forts, vous arrêtez « la marche en avant » dont vous vous réclamez; et, en même temps, comme vous l'arrêtez, il faudra beaucoup plus de travail pour donner une satisfaction équivalente à la masse de l'humanité, puisque tout sera fait au profit des indolents, des paresseux, des faibles qui, au nom du droit que leur donne leur nombre, feront d'autant moins d'efforts pour se développer qu'ils considéreront qu'ils ont droit à l'assistance; et nous savons à quoi aboutit le droit à l'assistance. Donc il n'y aura pas de diminution de travail; à bien-être égal, vous pouvez être certains qu'il y aura augmentation de charges, augmentation de travail, et le travail se fera dans de bien plus mauvaises conditions.

Actuellement, sans doute, aucun de nous ne choisit librement sa destinée. D'abord, nous ne sommes pas responsables de notre hérédité, de nos qualités et de nos défauts personnels ; nous ne sommes pas responsables du milieu dans lequel nous naissons; nous ne sommes pas responsables de notre éducation; nous ne sommes pas responsables enfin d'une foule de conditions auxquelles il faut, bon gré mal gré, que nous nous adaptions pour pouvoir vivre. Et le plus parfait des communismes n'affranchira personne de ces conditions d'existence, indépendantes de sa volonté. Loin de là. Tandis que, dans la société actuelle, nous avons une certaine liberté de choix, et une responsabilité dans la direction que nous donnons à notre vie, dans une société socialiste idéale, où tout se ferait par arrangement d'autorité, le petit individu, au moment de sa naissance, serait pris par l'État, serait placé dans l'engrenage, et, bon gré mal gré, il faudrait qu'il allât jusqu'au bout. Voilà la conception. Un mécanisme socialiste parfait aboutirait à cet écrasement; l'individu serait beaucoup moins libre de tracer sa destinée, de se débattre dans la vie, de tâcher d'en tirer le meilleur parti possible qu'il ne l'est actuellement, malgré tous les impedimenta qui l'entourent.

Mais cette idylle du socialisme, si dure qu'elle pût être, n'existerait pas. Si nous remontons aux civilisations passées, nous voyons que la concurrence guerrière, surtout de tribu à tribu, est la conséquence de leur existence; c'est le moyen d'acquisition qui reste dominant chez tous les peuples forts, et il n'a pas encore complètement disparu à l'époque actuelle. Mais, cependant, au fur et à mesure que le pouvoir de l'homme a augmenté sur le milieu dans lequel il agit; au fur et à mesure que sa puissance sur les choses est devenue plus grande, la civilisation guerrière a perdu de son caractère, et elle a été remplacée par la civilisation de l'échange et la concurrence guerrière a été remplacée par la concurrence économique[1]. Actuellement, dans toutes les nations civilisées, le grand ressort moral, c'est la concurrence économique, grand ressort moral à tous les points de vue : au point de vue altruiste, puisque tout producteur, tout marchand, tout négociant cherche, par tous les moyens possibles, à satisfaire sa clientèle, à répondre à ses besoins, et, par conséquent, a la préoccupation constante d'agir pour les autres ; en même temps, cette concurrence développe les sentiments vigoureux de l'homme, parce qu'il doit se débrouiller contre ses concurrents, et qu'il doit avoir plus d'initiative, plus de force, plus d'activité qu'eux. La concurrence économique est une forme de lutte comme la concurrence guerrière ; mais elle a supprimé le caractère rapace de la concurrence guerrière, en y substituant le contrat d'échange ; et tandis que la concurrence guerrière était basée sur la dépression et la ruine des autres, la concurrence économique est basée sur la richesse et la puissance d'expansion des clients, puisque la fortune du producteur et du commerçant est celle de ses acheteurs.

Mais nous voici dans une société collectiviste : il ne s'agit plus, pour l'industriel, pour le marchand, de trouver des clients qui lui donnent une rému-

1. Voir *La Morale de la concurrence*, par Yves Guyot.

nération en échange des produits qu'il leur livre, des services qu'il leur rend : ce dont il s'agit, c'est de s'emparer du pouvoir, car ce seront les maîtres du pouvoir qui pourront faire produire selon leur gré, répartir la richesse, donner des privilèges à ceux-ci, maltraiter ceux-là, combler les uns, pressurer les autres : de là le caractère régressif de la société socialiste, si jamais elle arrivait à se constituer : ce serait la *substitution de la concurrence politique à la concurrence économique* ; et nous la voyons déjà se produire dans les menées et les tyrannies des syndicats ; nous la voyons, dans les mesures d'exclusion qui sont prises contre telle ou telle maison, contre tel ou tel individu ; nous la voyons, dans les violations constantes de la liberté du travail qui sont la caractéristique de la politique socialiste dans nos sociétés actuelles. On voit le développement que prendraient ces passions dans une société communiste : ce serait la guerre de parti à parti ; ce serait à qui prendrait le gouvernement, parce que celui qui le tiendrait aurait à sa disposition l'existence même de chaque individu. Et croit-on que, s'il était maître du pouvoir, il pût, par hasard, maintenir la liberté politique ? Mais, s'il maintenait la liberté politique, il trouverait des résistances de tous les côtés ; la concurrence politique se manifesterait de la part de ses adversaires. Si oppresseur qu'il fût, il ne supprimerait pas les mécontents ; alors des coalitions se formeraient contre lui et essaieraient de le renverser.

Donc, pour conserver la puissance économique, le parti régnant supprimerait la liberté politique ; et ce serait logique, car il y a une contradiction choquante dans le développement du socialisme au milieu de nos institutions de liberté. Comment peut-il se réclamer de la liberté politique pour demander la tutelle économique ? Les libertés politiques, que nous avons eu tant de mal à acquérir, servent d'instrument au parti qui a pour idéal la servitude économique ! Si je poursuivais le parallèle, je dirais aux socialistes : « Comment, vous prétendez pouvoir vous gouverner vous-mêmes ; vous prétendez être libres d'agir sur les destinées de votre pays, et, en même temps, vous vous déclarez incapables de faire un contrat ! Vous voulez et vous demandez que ce soit l'État qui règle vos moyens de production et qui dirige votre vie économique ! »

Voilà le théâtre de luttes et de batailles qu'offrirait la société collectiviste, si jamais elle parvenait à s'instituer. Ce serait l'organisation de la guerre sociale. De plus, nous n'avons qu'à voir les moyens par lesquels on prétend y arriver, pour nous rendre compte que le tableau que je viens de tracer n'est pas chargé de couleurs trop noires.

V.

Je choisis une citation de M. Benoît Malon,

parce que M. Benoît Malon était un docteur socialiste un peu mystique, d'un caractère bienveillant et, au fond, paraît-il, le meilleur homme du monde. Il dit avec tranquillité :

« Il faut en finir avec le propriétaire. Le voleur propriétaire n'est pas comme le voleur d'un cheval ou d'une somme d'argent dont le crime cesse avec l'acte. »

Et alors, prévoyant avec une certaine perspicacité, il ajoute que le propriétaire ne se laisserait peut-être pas faire :

« On n'arrivera jamais à convaincre la bourgeoisie moderne qu'elle doit se prêter à la socialisation des capitaux. C'est la force qui décidera de cette question en dernière analyse, la force, l'accoucheuse des sociétés nouvelles, dit Marx.

« Il ne s'agit donc pas d'être réformiste ou révolutionnaire : il faut être réformiste et révolutionnaire. Nous ne laisserons pas faiblir en nous l'esprit révolutionnaire. »

Dans une brochure intitulée : « Collectivisme et Révolution », M. Jules Guesde disait :

« L'expropriation avec une indemnité est donc une chimère, autant, sinon plus que le rachat. Et quelque regret qu'on puisse en éprouver, quelque pénible que paraisse aux natures pacifiques ce troisième et dernier moyen, nous n'avons plus devant nous que la reprise violente sur quelques-uns de ce qui appartient à tous, disons le mot : la Révolution. »

Il ajoutait :

« Des capitaux qu'il s'agit de reprendre, quelques-uns, comme la terre, ne sont pas de création humaine, ils sont antérieurs à l'homme, pour lequel ils sont une condition *sine quâ non* d'existence. Ils ne sauraient, par suite, appartenir aux uns à l'exclusion des autres, sans que les autres soient volés. Et faire rendre gorge à des voleurs, les obliger à restituer, a toujours et partout été considéré, je ne dis pas comme un droit, mais comme un devoir, le plus sacré des devoirs. »

Je laisse de côté cette logomachie qui prétend que le propriétaire est un voleur, et que, par conséquent, on a le droit de le voler. C'est toujours la vieille théorie de Proudhon.

M. Paul Lafargue, de son côté, écrit :

« Les paysans rallient aujourd'hui le rouge drapeau du socialisme pour recommencer la Révolution sociale qui expropriera les expropriateurs et qui réparera les crimes de la Révolution de 1789. »

A propos de l'impôt sur les successions, il disait :

« Rassurez-vous, l'impôt sur l'héritage n'est pas le socialisme ; la suppression de l'héritage n'est pas le socialisme. »

M. Paul Lafargue ménage ses effets.

« Quand, avec Marx et Engels, nous avons rédigé le programme du parti ouvrier, c'était une concession que nous faisions aux démocrates bourgeois d'y inscrire, à l'article 12, l'abolition de tout héritage dépassant 20,000 francs.

« Un Gouvernement révolutionnaire n'aurait pas la patience d'attendre que les capitalistes meurent de leur vilaine mort pour les obliger à restituer les richesses qu'ils ont volées aux travailleurs. »

Ces citations ne sont pas vieilles : celles de Paul Lafargue datent de décembre 1894, et M. Guesde, dans l'*Almanach de la question sociale* pour 1895, disait :

« Pour eux comme pour nous, l'instrument de cette expropriation ne peut être que le prolétariat groupé, organisé, constitué en parti de classe.

« Pour eux comme pour nous, cette prise de possession du pouvoir collectif est affaire de force ou de révolution, la seule hypothèse d'une bourgeoisie capitulant devant des considérations de justice ou des morceaux de papier devant être reléguée dans le domaine des miracles ou de l'absurde. »

Tels sont les moyens qui doivent nous amener à réaliser l'idéal socialiste. Ces moyens sont tout à fait dignes du résultat à atteindre.

VI.

Mais, nous voyons de braves gens qui, pour conjurer ce socialisme aigu dont ils ont peur, veulent nous inoculer un socialisme chronique.

Nous avons les socialistes chrétiens ; mais, il faut bien le dire, il y a très peu de différence entre les socialistes chrétiens et les socialistes révolutionnaires. Nous les avons vus, en Allemagne, associés intimement. Dès 1865, M. Ketteler, archevêque de Mayence, fondait le parti des socialistes chrétiens, dont le chanoine Moufang formulait le programme à Mayence, le 27 février 1871, et voici ce programme : Maximum de durée des heures de travail, minimum de salaire, garantie du salaire ; avances pécuniaires aux ouvriers, dégrèvement des classes pauvres, fixation d'un maximum pour les rentes et revenus.

Les socialistes chrétiens réclament aussi, eux, l'avènement d'un quatrième état. La *Gazette chrétienne*, à Aix-la-Chapelle, a pour but de lutter avec énergie contre l'économie politique moderne.

En 1878, il y eut alliance ouverte entre Liebknecht et le chanoine Moufang, et l'on vit celui-ci s'associer à des réunions faites en l'honneur de la Commune.

MM. Ketteler, Hitze, Weiss, Decurtins ont partout proclamé que « la liberté économique est un principe inique et contraire à toutes les lois chrétiennes. »

En Angleterre, le cardinal Manning a proclamé le droit au travail, le juste salaire et la réglementation des profits.

Aux États-Unis, un archevêque, M. Ireland, disait hautement « qui tient les masses, règne » et, pour régner, il se jetait dans le socialisme avec la presque unanimité du clergé catholique; en 1887, 70 évêques sur 75 demandèrent au pape de lever l'excommunication qu'il avait lancée contre les Chevaliers du Travail qui s'étaient rendus coupables des plus graves désordres.

En France, nous avons entendu M. de Mun, en pleine Chambre, faire l'éloge de M. Lafargue et, en décembre 1894, M. Pierre Chesnelong, au congrès catholique de Lille, prenait comme programme: « Le minimum de salaire, la lutte contre le capitalisme, la révision du régime légal de la propriété et de l'injuste répartition des richesses. »

VII.

En Belgique, la Chambre des représentants se compose de 104 catholiques, 29 socialistes, 19 libéraux. Le ministre du travail et de l'industrie, M. Nyssens, fait une législation socialiste. Il a fait voter un projet de loi sur les règlements d'ateliers qui, sans satisfaire complètement les socialistes, a mérité leur approbation (5 mai 1896).

En Angleterre, le parti tory est au pouvoir avec une majorité de 152 voix. Le 3 mars, on discutait à la Chambre des Communes un projet de loi tendant à faire commanditer les ouvriers pour acheter des maisons. Sir Charles Dilke l'appelait « le premier œuf du socialisme tory. » Il a été adopté par la Chambre des Communes, avec une énorme majorité.

M. de Bismarck combattait le socialisme Marxiste, ce qu'on appelle, en Allemagne, le socialisme démocratique, par sa loi de 1878. Mais il croyait être extrêmement malin en prenant ses doctrines et en le transformant en socialisme bureaucratique. Il faisait la loi sur les assurances contre les maladies et la vieillesse; il faisait la loi sur les assurances contre les accidents du travail en 1884. L'expérience existe depuis 12 ans... bien loin que ces lois aient diminué le nombre des socialistes démocrates, nous les avons vus arriver à 1,800 mille aux dernières élections et envoyer au Reichstag 47 représentants sur 397 députés, ce qui était la plus forte proportion avant les élections belges. Par conséquent, au point de vue politique, le socialisme d'État, le socialisme bureaucratique de M. de Bismarck, n'a pas le moins du monde arrêté le développement du socialisme révolutionnaire.

Nous voyons tous les jours, dans les divers pays, la législation multiplier son intervention dans les conditions du travail; nous voyons de nouveaux inspecteurs institués pour aller visiter des ateliers; mais que font ces inspecteurs? Ils viennent apporter l'anarchie dans l'atelier; s'ils règlent les heures de travail; s'ils règlent les conditions d'hygiène; s'ils interviennent dans les règlements qui existent entre les travailleurs et les exploitants, que font-ils, eux, qui n'ont pas de responsabilité, eux qui n'ont pas de débouchés à ouvrir, d'échéances à acquitter, eux qui n'ont pas à se préoccuper des prix de revient, que font-ils? Ils mettent, peu à peu, l'industriel privé à la porte de son atelier et, une fois qu'il sera à la porte de son atelier, l'atelier fermera ou il faudra que l'État le prenne et, qu'est-ce? C'est la marche au collectivisme!

VIII.

J'ai toujours considéré ce mouvement comme extrêmement dangereux; je l'ai toujours combattu, me trouvant, en cela, d'accord avec mon ami Bradlaugh, qui a été longtemps le chef du parti radical anglais le plus avancé. Lorsqu'il vit les idées allemandes menacer d'envahir les Trade unions anglaises, il fit tous ses efforts pour les arrêter. En 1885, M. Bradlaugh eut une célèbre discussion avec M. Hyndman, l'un des inspirateurs et des organisateurs du socialisme anglais.

Jusqu'à sa mort, en 1892, il n'a cessé de dire aux radicaux et aux libéraux: « Prenez garde, si vous abandonnez le principe de la liberté, vous perdrez votre raison d'être. » C'est ce que je n'ai cessé de répéter de mon côté. Plus haut que jamais, je dis à tous les hommes qui se mettent à la remorque des socialistes, les uns par ignorance, les autres par ambition, que, bien loin de contribuer au développement de l'humanité, bien loin de contribuer à l'avènement de la démocratie, ils nous ramènent en arrière ; ils rétablissent une législation de classes; ils nous font reculer en deçà de 1789 ; ils essaient de rétablir la constitution de privilèges que nos pères ont abolie. Pour moi, je crois qu'il importe à nous tous d'étudier avec soin, avec la plus grande probité scientifique, les problèmes économiques qui se posent devant nous, de les considérer de la même manière que nous pouvons considérer tel phénomène qui se passe dans un laboratoire. Mais une fois notre conviction faite, il est de notre devoir de nous jeter dans l'arène et d'essayer, par tous les moyens de persuasion et d'action, de détourner la démocratie française du socialisme.

CHAPITRE X.

L'ÉVOLUTION ET LA RÉGRESSION ÉCONOMIQUES.

I. Définition de l'évolution. — La régression. — II. La division du travail. — L'homogène et l'hétérogème. — Se suffire à soi-même. — La théorie protectionniste. — III. L'homme primitif esclave de son milieu physique. — Tyrannies des civilisations primitives. — Une nouvelle découverte, une nouvelle invention : c'est le progrès. — Une nouvelle liberté. — C'est le progrès. — Critérium. — *Le progrès est en raison directe de l'action de l'homme sur les choses et en raison inverse de l'action coercitive de l'homme sur l'homme.* — IV. Du communisme à la propriété individuelle. Mobilisation de toutes les propriétés. — V. La liberté de la circulation. — M. Menier. — Tout arrêt dans la circulation frappe la production en raison géométrique. — VI. Séparation de l'homme et de la chose. — VII. La société politique a suivi l'évolution de la société commerciale. — Le *Bill of Rights.* — La constitution des États-Unis de 1787. — Limitation des intérêts mis en commun. — Limitation des droits du congrès par le statut constitutionnel. — La cour suprême. — Le mandat est limité. — La constitution n'est pas une aliénation de droits, mais une délimitation. — Société à responsabilité limitée. — VIII. Qu'appelons-nous des libertés ? — Liberté individuelle. — Liberté de conscience. — Liberté de penser. — Liberté de la parole et de la presse. — Définitions. — Il y a progrès quand il y a élimination de l'intervention de l'État dans les actes personnels. — *Contradiction : liberté politique, servitude économique.* — IX. *L'État doit cesser de gouverner pour administrer.* — D'où vient cette formule. — Ce qu'elle signifie. — C'est une formule économique. — X. Limitation de l'action de l'État. — Devoirs positifs et devoirs négatifs de l'État. — L'État et le contrat. — Liberté de la discussion ; sûreté de l'exécution. — *Substitution du contrat aux arrangements d'autorité.* — XI. Décentralisation. — Garanties contre les tyrannies locales. — Les droits de l'homme. — La garantie qui a toujours manqué. — XII. L'idéal socialiste. — Expériences actuelles. — Idéal de tyrannie et de servitude. — Ramener à l'unité. — XIII. Que faire? — La formule de Buckle. — Les quatre règles. — XIV. Le danger de la philanthropie. — Les combattants et les ambulanciers. — La justice et la charité suprême. — XV. Répercussion de l'extension des attributions de l'État sur les contribuables. — Caractère de l'impôt. — Graham Sumner; l'homme oublié. — *Un gouvernement doit gouverner dans l'intérêt général et assurer la justice à tous.* — XVI. L'Économie de l'effort. — Le rôle du savoir n'est pas d'assurer la paresse. — L'idéal socialiste et l'idéal individualiste. — Idéal de paresse et idéal d'énergie. — Politique d'expansion et politique de dépression. — Idéal économique; *maximum d'effet utile avec le minimum d'effort.*

I.

Dans ce dernier chapitre, je vais résumer rapidement les caractères auxquels on reconnaît l'évolution ou la régression d'une société, non seulement au point de vue économique, mais, par la force des choses, j'aborderai la question politique. Tout d'abord, je crois qu'il est nécessaire de définir le mot « évolution » tel qu'il est employé dans les sciences naturelles. Car le plus souvent, quand on l'applique à l'humanité, on prend ce terme dans un sens aussi vague qu'impropre. M. Brunetière a fait un volume sur l'évolution des genres dans la littérature; mais il ne donne aucune espèce de définition de l'évolution. L'évolution exprime un progrès déterminé, et d'après la définition qu'en donne la biologie actuelle, on peut la définir, appliquée à l'humanité, de la manière suivante : « L'évolution est l'ensemble des qualités acquises par l'humanité depuis son apparition et transmises en s'accumulant à travers les séries de générations. »

Comme opposée à l'évolution, il y a la régression, ce qu'on appelle l'atavisme, ce que Darwin a défini : le retour au type des ancêtres ; et il faut bien reconnaître que l'humanité est beaucoup plus facilement susceptible de régression que de progrès. Il est beaucoup plus facile de rétrograder que d'avancer ; c'est plus simple ; il est beaucoup plus facile de mettre son idéal dans le passé que de le mettre dans l'avenir, parce que cet idéal dans l'avenir est plus ou moins mal défini, tandis que, dans le passé, il a une base objective qui permet de le systématiser, de le préciser. Il y a toujours un certain nombre de personnes qui vantent le vieux temps d'une manière plus ou moins chimérique, qui le font entrevoir à travers des conceptions plus ou moins réelles ; et là est le grand danger de toutes les sociétés. Il faut prendre garde que les anciennes idées ne l'emportent sur les besoins nouveaux. Là est le secret de la crise qui existe actuellement : les progrès accomplis par la science et par l'industrie ont provoqué un très grand nombre de besoins nouveaux, tandis que nous sommes encore dominés par beaucoup de survivances des générations passées et que notre intellect appartient encore à des idées vieillies.

A quel signe peut-on reconnaître que telle ou

telle institution est progressive, favorable à l'évolution, ou, au contraire, est régressive ?

II.

Tout d'abord pour constater si une civilisation est plus avancée qu'une autre en évolution, un signe distinct se présente à nous : c'est la division du travail. Sans entrer dans des analogies entre l'organisme des sociétés et l'organisme biologique, nous pouvons dire cependant (et nous l'avons vu dans l'étude que nous avons faite des diverses transformations économiques de l'humanité) qu'au fur et à mesure qu'elle s'est développée, s'est réalisé le phénomène qu'Herbert Spencer définit le passage de l'homogène à l'hétérogène ; nous l'appellerons plus simplement la division du travail. Dans les civilisations primitives, elle n'existe pas. Quand les civilisations deviennent plus compliquées, les aptitudes se diversifient en même temps que les besoins se multiplient. C'est là un phénomène qu'a défini Lamarck, dont certains socialistes se réclament. Le besoin engendre l'organe, le besoin engendre l'aptitude : nos besoins se diversifient et, par conséquent, nos aptitudes. Dans nos civilisations, on entend encore, dans certains coins retirés, de plus en plus rares, qui n'ont pas encore été touchés par les chemins de fer, répéter qu' « une terre doit se suffire à elle-même ; » la femme tisse la laine, tricote les bas, fait les vêtements ; elle récolte son lin, elle le teille, elle le file et enfin elle tisse elle-même ; si elle ne moud plus sa farine, elle pétrit et cuit son pain. Au fur et à mesure que le progrès économique augmente, ces habitudes disparaissent. Chacun produit ce qu'il est le plus capable de produire, et, en échange de sa production, se procure les autres utilités dont il a besoin et que d'autres produisent pour lui. Le vigneron vend son vin et achète son pain.

Cette conception qui existe encore chez quelques paysans arriérés, tous les jours moins nombreux, que vous trouvez dans les douars arabes, que vous trouvez dans toutes les tribus primitives, nous la retrouvons à la Chambre des Députés et au Sénat. La plupart de nos représentants, dans les deux assemblées, en sont encore empreints ; elle a un nom : elle s'appelle la théorie protectionniste. Une nation doit se suffire à elle-même; elle ne doit pas acheter aux autres ; elle ne doit pas produire seulement ce qu'elle est capable de produire, mais elle doit produire tout ce dont elle a besoin. Logiquement tous les produits étrangers devraient être prohibés. Cependant on veut bien concéder un minimum : c'est une faiblesse, car, si vous importez du coton, l'importation du coton nuit à la culture du lin et du chanvre ; si vous importez du café et du thé, ces deux boissons nuisent à la consommation du cidre et du vin, produits nationaux. C'est la négation de la division du travail ; c'est la négation même de tous les efforts de l'humanité pour agrandir le domaine économique.

III.

Voyons un autre phénomène : je n'insisterai pas pour démontrer que, dans les civilisations primitives, l'homme est esclave du milieu physique dans lequel il vit. Nous avons vu et nous voyons tous les jours, en lisant le moindre récit de voyages d'explorateurs qui se sont égarés dans l'Afrique Centrale ou qui ont visité quelques peuplades de la Polynésie qu'il est, en même temps, esclave d'un chef quelconque. On trouve dans les peuplades primitives les plus effroyables tyrannies. Des rois africains tuent leurs sujets et les mangent, alors même que les aliments sont abondants, mais pour bien montrer leur autorité souveraine sur leurs sujets. A coup sûr ils nous paraissent des barbares : nous considérons que de pareils actes sont monstrueux. Mais si pour embrasser l'évolution de l'humanité, nous nous rendons compte de nos conversations de tous les jours, que disons-nous ? Vous apprenez une nouvelle découverte, vous apprenez l'existence d'une nouvelle invention, vous dites : « C'est un progrès... » et qu'est-ce que cette annonce d'une nouvelle découverte, d'une nouvelle invention? C'est tout simplement la constatation que la puissance de l'homme sur les choses a été augmentée.

Quand on apprend que ces procédés barbares dont je parlais tout à l'heure ont disparu d'un pays, on trouve que le niveau de la civilisation s'y est élevé. Quel est l'homme, ayant médité les questions politiques, qui ne considère que les gouvernements autocratiques sont en retard sur les gouvernements de discussion? Par conséquent, nous pouvons formuler cette loi: *Le progrès est en raison inverse de l'action coercitive de l'homme sur l'homme et en raison directe de l'action de l'homme sur les choses.*

IV.

Maintenant examinons une autre phase de l'évolution humaine: la conception de la propriété.

Les socialistes, les collectivistes veulent aller de la propriété individuelle, qui existe tant bien que mal actuellement, vers la propriété collective, et cependant, nous avons vu que l'humanité était partie de la propriété collective pour arriver à dégager une notion de plus en plus nette de la propriété individuelle. Nous avons pu constater que la formule de la propriété individuelle n'a été donnée d'une manière complète et précise que dans le code rural de 1791. Alors que la propriété foncière était encore immobilisée depuis des siècles, le commerce des objets mobiliers était pratiqué. Les objets d'échange se sont multipliés, au fur et à mesure que les hommes ont eu des produits plus variés. La propriété foncière s'est dégagée avec difficulté de la forme féodale; elle est restée liée à la famille dans certaines civilisations même très avancées. En Angleterre, nous trouvons les substitutions et les majorats. En France même, l'Empire a reconstitué quelques majorats. A coup sûr, nous pouvons considérer que *toute institution qui a pour but d'empêcher la mobilisation de la propriété est une institution rétrograde.* Toute institution qui a pour but d'empêcher l'échange de la propriété est analogue à une institution qui aurait pour but d'empêcher l'échange des objets mobiliers. En parlant de propriété immobilière, le droit prouve qu'il est toujours empreint de vieux préjugés féodaux. Par conséquent, que devons-nous faire? Nous devons essayer de faire, pour la propriété, ce qu'on fait pour tous les autres objets ; nous devons essayer de la mobiliser. Dans la commission extraparlementaire qui a été instituée en 1890 par M. Rouvier pour étudier la réforme du cadastre et la réforme du régime de la propriété, j'ai entendu dire: « Mais ce que vous proposez est extrêmement dangereux! Comment, mobiliser la propriété! Il y aura des paysans imprudents qui pourront aliéner leur propriété, qui le regretteront après. Il faut prendre garde ! »

C'est toujours la manie de vouloir protéger les gens contre eux-mêmes. Mais est-ce qu'en hérissant la mobilisation de la propriété de difficultés, par cela même, on ne nuit pas à sa valeur ? Lorsqu'on est obligé de donner 10 0/0 à l'enregistrement et au notaire pour échanger une propriété, forcément on l'immobilise. 10 0/0 pour l'acheter. — Vous voulez la revendre?... 10 0/0 encore. Il suffit donc de deux échanges pour que le cinquième de la valeur de la propriété soit absorbé.

On n'a pas, quand on fait une loi, à savoir l'usage que les individus en feront. Ce qui doit préoccuper le législateur, c'est de savoir si cette loi est utile au développement économique de la société sur laquelle il agit. Ils en useront ensuite comme ils l'entendront. Ils en feront un bon ou un mauvais emploi à leur point de vue, cela les regarde ; c'est leur affaire. Le devoir du coutelier est de livrer un outil bien tranchant, tant pis si son client se coupe avec. Sous prétexte de protéger les propriétaires, le législateur les ruine lorsqu'il les empêche de tirer le meilleur parti possible de la valeur qu'ils ont entre les mains. Propriété immobilisée, propriété dépréciée. Les législateurs établissent des droits de douane, dans le but de protéger la propriété, de lui garantir et même d'augmenter ses revenus ; mais, d'un autre côté, ils ne la dégagent pas des difficultés de transmission.

Certes, elle acquerrait une plus-value, si facilement échangeables, un cours s'établissait sur les propriétés immobilières.

Je viens de parler de la circulation de la propriété immobilière ; ces considérations s'appliquent également à tout autre objet.

Tout arrêt dans la circulation frappe, disait M. Menier, *la production en raison géométrique,* et il avait raison.

V.

J'ai déjà démontré, qu'en réalité, ce qui constituait la valeur des capitaux fixes, c'était l'abondance des capitaux circulants ; j'ai montré comment, au fur et à mesure que les capitaux circulants se multipliaient, qu'ils baissaient de valeur dans un pays prospère, la valeur des capitaux fixes augmentait. Lorsqu'on arrête, soit dans un but fiscal, soit dans un but protectionniste, la circulation, par conséquent lorsqu'on essaye de raréfier les capitaux circulants, par cela même on diminue la valeur des capitaux fixes. C'est là le résultat de la politique protectionniste. Elle va contre le but qu'elle se propose. *Toute mesure qui entrave la circulation frappe d'arrêt de développement la société à laquelle elle s'applique.*

VI.

Dans un des précédents chapitres, parcourant l'évolution économique de l'humanité, nous avons observé qu'au fur et à mesure que l'évolution humaine se développait, le contrat devenait de moins en moins personnel. Tout d'abord, j'ai montré l'individu dans la tribu : il n'y a pas de contrat; puis le contrat intervient, mais le contrat est un lien, *nexus;* le contrat est personnel; ensuite une nouvelle phase se produit, et le contrat ne concerne que les choses, le contrat devient réel. Nous avons vu, jusqu'à ces derniers temps, la dette et l'homme intimement liés; la contrainte par corps n'a été abolie en France qu'en 1867. Nous pouvons considérer qu'une institution est progressive lorsqu'elle contribue à dégager la personnalité humaine de plus en plus nettement de la chose, *à établir la séparation entre l'homme et la chose.* De même dans la société commerciale. Tout d'abord l'homme est engagé tout entier dans sa propriété foncière, dans son industrie, dans son commerce.

Puis je vous ai montré l'évolution de la société commerciale; société en commandite, société à responsabilité limitée, enfin société anonyme.

L'homme est de plus en plus séparé des intérêts que représente la société ; il ne met qu'un certain nombre de choses en commun. Pour tout le reste, il est indépendant.

VII.

La société politique, au point de vue du progrès, a suivi exactement la même évolution que la société commerciale. Prenons les trois grandes manifestations qui dominent les constitutions modernes : c'est le *Bill of rights* de 1689, en Angleterre. Qu'est-ce que le *Bill of rights?* La nation anglaise retire de la communauté, retire du pouvoir du roi un certain nombre de choses et, entre autres, la propriété. Elle déclare qu'elle ne remettra au roi pour subvenir à ses besoins, aux besoins de la nation, qu'un certain contingent de sa fortune et qu'elle consentira ce contingent. Voilà le caractère du *Bill of rights*.

Prenons la constitution des États-Unis de 1787. Elle représente une annexion d'individus, puis d'États qui se groupent et qui adhèrent à un contrat. Que font ces individus et ces États qui se constituent en fédération? Ils mettent en commun un certain nombre d'intérêts destinés à assurer leur sécurité, destinés à assurer à chacun d'eux certains avantages; mais ils réservent toute leur liberté d'action : bien plus, ils ont soin de bien spécifier que l'énumération des droits qui sont réservés dans la constitution n'implique pas le moins du monde que les droits qui ne sont pas expressément mentionnés disparaissent. Le contrat est formel. On pourrait dire que ce contrat est de droit étroit et c'est pour en assurer l'exécution que la Cour suprême des États-Unis a été instituée. Quel est son rôle? Le Congrès vote, par exemple, une loi limitant la durée des heures du travail. La limitation des heures du travail est-elle du ressort du Congrès ? Est-ce que le Congrès, en limitant les heures du travail, ne viole pas le statut de 1787 ? Les mandataires, qui sont les députés ou les sénateurs envoyés au Congrès, n'ont pas un pouvoir absolu, pas plus que les membres du Conseil d'administration dans une société anonyme : ils doivent se renfermer dans les statuts, et les statuts, pour le citoyen des États-Unis, c'est la constitution de 1787. La Cour suprême exige le respect du statut primordial. Elle n'intervient pas pour déclarer que telle ou telle loi ne devait pas être votée : mais un individu se considère atteint dans son droit par telle ou telle disposition adoptée par le Congrès ; il croit cette disposition en contradiction avec la constitution. Il plaide contre le Congrès, il plaide contre la loi ; et soit une cour d'État, soit la Cour suprême, en dernier ressort, lui donne raison si elle juge que telle ou telle mesure qui a été prise est contraire à la constitution de 1787 ou aux amendements qui sont intervenus depuis.

Voilà le caractère de la Constitution des États-Unis. On voit immédiatement la connexion existant entre elle et la société commerciale telle qu'elle est résultée de l'évolution des siècles. Contrairement à la vieille idée d'après laquelle un individu aliénait une partie de ses droits quand il entrait en société, l'individu réserve explicitement une partie de ses droits. Il ne met certaines choses en commun que pour augmenter sa puissance d'action ; il conserve sa liberté d'agir pour tout ce qui n'est pas compris dans le statut primitif ; il a la sécurité qu'on n'attentera pas aux droits qu'il a mis en réserve. La nation ainsi composée est une société à responsabilité limitée, exactement comme les sociétés anonymes et comme les sociétés en commandite.

VIII.

Qu'appelons-nous des libertés ? Vous ne pouvez toucher à la propriété qu'avec le consentement du possesseur, et sous certaines conditions : expropriation pour cause d'utilité publique : c'est la liberté et la sécurité de la propriété ; vous ne pouvez établir un impôt que sous certaines conditions déterminées, présentant certaines garanties aux contribuables : c'est encore la sécurité de la propriété; vous ne pouvez atteindre une personne que dans certaines conditions, pour des services publics, services de sécurité publique, par exemple, ou bien si cette personne a commis un délit ou un crime, pour l'empêcher de nuire ; nul ne peut être arrêté, détenu, jugé et condamné que dans certaines formes destinées à garantir sa sécurité : cela s'appelle la liberté individuelle. Vous ne pouvez pas empêcher une personne de travailler comme il lui convient: cela s'appelle la liberté du travail ; vous ne devez pas l'empêcher d'avoir la foi qui lui convient, d'exercer le culte qu'il lui plaît : cela s'appelle la liberté de conscience ; vous n'essayez pas de l'empêcher d'avoir telle ou telle idée, vous ne tentez pas de lui imposer les vôtres par la contrainte ; vous ne lui défendez pas de les exprimer; vous lui laissez la liberté de les propager par la parole ou par la plume: cela s'appelle la liberté de penser, la liberté de la parole, la liberté de la presse. Ce sont des libertés modernes, libertés qui ont été conquises peu à peu ; et que représentent ces libertés ? Sinon l'élimination de plus en plus grande de l'État du domaine individuel ; c'est le dégagement de la personnalité humaine de cette gangue qui était la tribu primitive dont le chef incarnait tous les pouvoirs et imposait toutes ses volontés à chacun de ses membres; gangue, tenant l'individu par toutes ses fibres, paralysant toutes ses volontés, que l'État a conservée, mais qui, dans les civilisations progressives, n'a cessé de s'effriter et de tomber morceaux par morceaux. *Il y a progrès quand il y a élimination de l'intervention de l'État dans les actes personnels;* il y a, au contraire, rétrogradation quand il y a augmentation de l'intervention de l'État.

Si, en ce moment, je proposais de supprimer la liberté de conscience, il est évident que je serais considéré comme un parfait rétrograde, et même on accueillerait cette proposition par un sourire ; on croirait que je sors de l'autre monde ; si je proposais de supprimer la liberté d'exprimer mes opinions ou celles de mes contradicteurs, si déplaisantes qu'elles puissent être pour eux ou pour moi, — car c'est là le caractère de la liberté, de savoir admettre la diversité et la contradiction — les socialistes l'admettraient-ils ? Et aujourd'hui, alors que ces libertés sont si bien acquises qu'ils regarderaient comme un contre-sens de telles propositions, ils trouvent cependant tout naturel de réclamer la suppression de la liberté du travail, de la liberté de l'échange, et on voit proposer, discuter, adopter des lois qui sont tout simplement une rétrogradation vers l'ancien régime : et comble de l'ironie, leurs promoteurs ont la prétention de représenter le progrès ! Leurs efforts peuvent avoir un succès momentané, mais il ne saurait être durable ; car le caractère de l'État moderne, c'est la *suppression des orthodoxies d'État*. Il ne doit pas plus y avoir d'orthodoxie en matière économique qu'il ne doit y avoir d'orthodoxie en matière morale, religieuse et intellectuelle.

IX.

M. Guesde a attribué, l'année dernière, à M. Engels une phrase dans laquelle il disait que *l'État devait cesser de gouverner pour administrer*. Cette conception n'est pas du tout d'Engels ; elle est antérieure aux socialistes ; cette formule appartient à Quesnay, elle appartient à Turgot, elle appartient à Mirabeau, elle appartient à Guillaume de Humboldt, et je crois que c'est moi qui lui ai donné le premier, il y a vingt-cinq ans, sa forme définitive. Que représente cette formule ? Est-ce qu'elle signifie, comme le prétend M. Guesde, que l'État cesserait de gouverner, c'est-à-dire d'avoir une direction politique, morale sur les individus, pour administrer de plus en plus? Non, ce n'est pas du tout le caractère qu'elle a. Elle signifie que l'État, qui a déjà cessé d'être le maître de ces orthodoxies dont je parlais tout à l'heure, doit de plus en plus renoncer à ses efforts pour se rendre maître des croyances, des pensées et des actes de l'individu et qu'il doit borner son rôle à un rôle d'administration. Qu'est-ce qu'administrer ? C'est mettre de l'ordre et du mouvement dans les choses. Il doit admininistrer les choses qui assurent la circulation, qui assurent la sécurité : voilà son devoir.

X.

Mais quand je dis qu'il doit cesser de gouverner pour administrer, cela ne veut pas dire qu'au fur et à mesure que sa capacité gouvernementale diminuera, sa capacité administrative doive augmenter. Loin de là, il ne doit faire qu'un minimum de choses, seulement il doit les faire bien, tandis que, au contraire, beaucoup de personnes veulent que l'État fasse tout ; mais si l'une d'elle arrive au pouvoir, elle n'ose rien faire. « Qui trop embrasse mal étreint : » c'est là un vieux proverbe. Il en est exactement de même pour l'État que pour les individus. Il ne s'agit pas, pour un État, de vouloir tout faire : il s'agit de faire bien ce qu'il doit faire. J'en parle avec l'autorité que donne une expérience personnelle déjà longue : en général, l'État fait mal ce qu'il fait, parce que jamais le but qu'il poursuit, il ne peut le poursuivre pour lui-même : il y a toujours une foule de coefficients multiples qui viennent entraver son action, et, d'ici longtemps, nous pouvons prévoir que ces coefficients ne disparaîtront pas. Il est obligé de tenir compte de préjugés souvent contradictoires d'intérêts opposés ; il est obligé de tenir compte des variations de l'opinion publique dont il relève plus ou moins, même quand il est un despote, et, par conséquent, rarement il fait la chose qu'il fait pour la chose elle-même.

L'État, qu'il vaut mieux appeler par le nom de l'organe qui le représente, le gouvernement a un devoir positif et un devoir négatif :

Voici le devoir positif: l'État doit administrer les intérêts communs qui ne peuvent être divisés sans être détruits, comme la sécurité extérieure et intérieure.

Voici le devoir négatif de l'État : il ne doit faire que ce que l'initiative privée est incapable de réaliser, et il ne doit le faire que dans l'intérêt de tous. Il ne doit se livrer à aucune entreprise pouvant donner un gain.

Je crois que, bien loin d'augmenter les attributions de l'État, nous devons nous attacher à l'enfermer strictement dans ces deux devoirs.

Quel est le rôle de l'État au point de vue du contrat ? Nous voyons une législation qui, à tout instant, fait intervenir l'État dans le contrat ; l'intervention de l'État dans le contrat d'échange : c'est le protectionnisme ; l'intervention de l'État dans le contrat de travail : c'est le socialisme.

Il n'y a pas de conception plus rétrograde, puisqu'au début de l'humanité, il n'y avait pas de contrat, parce qu'il n'y avait que l'ordre du chef de la tribu ou de l'État. Au fur et à mesure que nous avons vu l'humanité se développer, nous avons vu se produire ce phénomène que Sumner Maine a résumé dans ces mots : *la substitution du contrat aux arrangements d'autorité.*

Par conséquent, toute mesure qui a pour but de restreindre la liberté des contractants, de la soumettre à l'intervention de l'État, est une mesure régressive. *Le rôle de l'État est de respecter la liberté du débat, il n'a à intervenir que pour assurer la sécurité du contrat.*

La loi ne diminue pas notre puissance d'action : voilà le principe auquel nous devons nous attacher ; elle l'augmente en nous donnant la sécurité de l'action. L'État, en un mot, ne doit pas dire aux gens : « Travaille selon mes ordres, et je te récompenserai ; » il doit dire : « Travaille selon tes vues et je te garantis les résultats de ton travail. »

XI.

On agite beaucoup, en ce moment, la question de décentralisation. Il faut bien prendre garde de confondre la décentralisation avec la liberté. Il peut y avoir tel tyran de village et telle tyrannie locale qui étouffe complètement les individus. Nous en avons vu des exemples en Suisse. Il y en a des exemples également aux États-Unis, et même dans notre France centralisée, nous pouvons voir s'exercer des tyrannies locales. La décentralisation n'est possible qu'à la condition qu'il y ait une Cour suprême comme aux États-Unis, qu'il y ait un tribunal fédéral comme en Suisse; alors, si l'individu est opprimé par un pouvoir local, si un pouvoir local veut empêcher, par exemple, la circulation des produits; s'il veut empêcher les individus d'aller et de venir, de se déplacer; s'il veut commettre une spoliation contre un individu, sous prétexte d'impôts ou pour tel ou tel autre motif, il faut que cet individu puisse en appeler à un tribunal central, tribunal central qui nous manque, et c'est là, il faut bien le dire, le grand défaut de toutes les Constitutions qui se sont succédé en France depuis 1789.

Je parlais tout à l'heure de la Constitution des États-Unis de 1787. Les principes de 1789 sont analogues aux principes émis par la Constitution de 1787. Les principes de 1789 ne sont pas nés spontanément dans les cerveaux de nos pères; ils sont le résultat d'expériences séculaires, la protestation contre un état de choses qu'il s'agissait de changer. L'assemblée nationale les a proclamés, les a mis sur le papier, mais a oublié d'indiquer comment un citoyen à l'égard de qui ces principes seraient violés, aurait la faculté de s'en réclamer. Nous avons reproduit ces principes plusieurs fois; la Constitution de 1793, la Constitution de l'an III empruntent la plupart de ceux de la Constitution de 1791 ; celle de 1848 aussi. L'article 1er de la Constitution de 1852 « reconnaît, confirme et garantit les principes proclamés en 1789, et qui sont la base du droit public des Français » ; mais aucune Constitution française, pas plus la Constitution actuelle que les précédentes, n'a donné de moyens à un citoyen qui a à souffrir d'une loi tyrannique, d'en appeler à un juge quelconque. C'est là une grave lacune, qui permet toutes les tyrannies légales, qu'elles proviennent d'assemblées ou d'autocrates, et laisse l'individu complètement dépourvu de garantie.

XII.

Si, en présence de ces caractères de l'évolution humaine, nous plaçons l'idéal socialiste dont je parlais dans le chapitre précédent, que voyons-nous? Nous voyons un idéal qui est en contradiction absolue avec toute l'évolution humaine ; car *au contrat librement consenti, il veut substituer les arrangements d'autorité.* Dès aujourd'hui où nous sommes encore fort loin de la société socialiste idéale, nous voyons des syndicats se donner pour but l'exercice de la tyrannie la plus complète sur chacun de leurs membres ; nous voyons leurs groupes actuels confisquer et supprimer complètement l'individu. Au mois de mars 1896, deux députés ont dû donner leur démission pour se soustraire à la tyrannie du groupe allemaniste; il ne fait que mettre en pratique l'idéal socialiste qui est la confiscation de l'individu « au profit de la société, » disent-ils ; mais cette société plus ou moins étendue s'incarnera toujours dans des hommes ; ce seront toujours des hommes avec leurs passions, leurs intérêts opposés, et leurs préjugés qui gouverneront, qui administreront et qui, par conséquent, domineront. La liberté du travail, la formule de Gournay: « Laissez faire, laissez passer ! » représentent la production libre et la répartition libre des produits et des services. Quel est, au contraire, l'idéal socialiste? C'est la suppression de la liberté de la production et de la répartition; c'est la production par autorité, c'est la répartition par autorité; c'est le maintien de la tutelle; c'est l'exercice de la loi de famille définie par Herbert Spencer, nécessaire aux mineurs et appliquée aux majeurs.

Supposez que nous ramenions à l'unité ces conceptions plus ou moins vagues et que nous disions: — Voilà un individu qui s'arroge le droit d'empêcher de travailler un autre individu ; voilà un autre individu qui ne lui permet de travailler que pendant un certain temps, et, si cet individu veut travailler plus longtemps, il va éteindre sa lampe, le mettre dans l'obscurité, arrêter son métier, le frapper, s'il résiste. Un individu vigoureux et ambitieux veut gagner pour satisfaire ses besoins ou ses plaisirs, veut se donner de la peine pour avoir un salaire plus considérable. Un autre individu arrive et lui dit : « Toi, je trouve que tu travailles trop et que tu gagnes trop ! » Et il lui prend une partie de son salaire dans sa poche. Cette série d'actes individuels vous révoltent : vous prendrez la défense du spolié, spolié au point de vue du travail, spolié au point de vue du salaire, contre son spoliateur. Mais que sont toutes les combinaisons qu'on appelle des lois ouvrières et des lois sociales, que sont toutes les combinaisons socialistes que l'on nous propose et que certaines personnes votent ? Mais c'est tout simplement l'action qui vous révolte quand elle est le fait d'un individu devenue l'action des pouvoirs publics. Ce criminel devient un agent de l'autorité ; son rôle consiste à empêcher le voisin de faire ce qu'il lui convient. Parce que cette violence s'appelle une loi, elle n'en est pas moins inique. Ceux qui osent dire que cette tyrannie représente un progrès et non une régression se paient de mots et ne se rendent pas compte des faits.

XIII.

A tout instant, nous entendons des gens, ayant les meilleures intentions, répéter : « Que faire ? que faire? » Il y a tout d'abord à ne rien faire sans réflexion. Méfions-nous de cette petite locution que nous entendons se glisser dans la conversation, que nous voyons s'étaler dans les journaux: « Il y a quelque chose à faire! Il faut bien faire quelque chose! » Je considère avec Buckle que les grandes réformes ont consisté bien plus à défaire quelque chose de vieux qu'à faire quelque chose de nouveau.

Comme critérium des choses qui sont à faire ou à défaire, nous pouvons prendre les règles suivantes:

1° *Est nuisible toute institution qui a pour résultat d'aliéner l'indépendance réciproque du salariant et du salarié ou des contractants quelconques et de rendre indéfini et immuable le contrat de travail;*

2° *Est nuisible toute institution qui a pour objet ou pour résultat de restreindre l'activité intellectuelle ou productive de l'homme;*

3° *Est pernicieuse toute institution qui a pour objet de protéger un individu ou un groupe contre une concurrence: car elle a pour résultats l'apathie et l'étiolement des intéressés;*

4° *Est utile toute institution qui a pour objet de développer les aptitudes de l'individu à la lutte pour l'existence et sa faculté d'action sur le milieu dans lequel il doit vivre.*

Telles sont les quatre règles qui doivent déterminer le caractère des institutions que nous devons établir, conserver ou détruire.

XIV.

Il y a une foule de gens qui sont admirablement disposés et qui voudraient bien faire quelque chose, et qui croient combattre le socialisme en l'insinuant à doses homéopathiques dans la législation, et qui sont pleins de bonne volonté, qui prêchent beaucoup le devoir présent... je leur dis : « Vous avez d'excellentes intentions, à coup sûr, mais vous êtes extrêmement dangereux, et vous faites exactement le contraire de ce que vous devriez faire. Les hommes, les sociétés ne se mènent que par de grands principes très nettement affirmés. Il ne s'agit pas de donner de petits remèdes plus ou moins anodins et émollients. Il faut savoir où on va ; il faut que chacun se donne un idéal. Il faut savoir si nous avons un idéal individualiste ou si nous avons un idéal socialiste ; il faut que la séparation soit très nettement établie.

« Oui, vous avez les meilleures intentions du monde, mais ce sont les généraux et les soldats qui gagnent les batailles ; ce ne sont pas les ambulanciers. Le soin de relever les blessés est laissé aux non combattants. Les vigoureux et les vaillants doivent combattre pour la justice, et la justice est la charité suprême : car elle a pour but de substituer sa certitude aux hasards de la pitié et de la philanthropie. En détruisant une mauvaise loi, une organisation vicieuse, on fait plus pour l'humanité qu'en apportant des secours à ceux qui en sont victimes : car, si les secours peuvent soulager des misères individuelles, ils laissent debout, quand ils ne contribuent pas à l'entretenir, l'état de choses qui les a provoquées. Aujourd'hui, il s'agit de préserver la génération présente et les générations futures de la spoliation et de la tyrannie, de sauvegarder les principes qui ont présidé au progrès de l'humanité et d'en rendre l'application plus solide et plus étendue. C'est là la grande œuvre que nous avons à faire avec d'autant plus d'énergie que ceux qui les menacent sont plus ignorants, sont plus violents et ont moins de scrupules. Voilà l'œuvre à laquelle nous devons nous attacher sans sensiblerie, sans faux attendrissements et avec une résolution proportionnée à sa grandeur.»

XV.

Au point de vue politique, aussi bien qu'au point de vue économique, ce qui importe, c'est de maintenir les principes de liberté, y compris la liberté du travail et de dégager la circulation de toutes les entraves fiscales ou protectionnistes qui existent.

Au point de vue fiscal, tout d'abord, il y a à diminuer le plus possible les attributions de l'État. Chaque fois que vous les augmentez, vous pouvez être sûrs qu'il y a une dépense correspondante. L'État est un très gros mangeur qui dépense actuellement plus de 3 milliards 500 millions. Sont-ils tous bien employés? Mais ceux mêmes qui préconisent le plus énergiquement l'intervention de l'État en tout et pour tout, sont ceux qui ne cessent d'attaquer plus ou moins violemment, plus ou moins injustement tous les gouvernants, tous les administrateurs, tous les hommes qui appartiennent aux fonctions publiques de près ou de loin. Par une singulière contradiction, au fur et à mesure que ces hommes demandent une extension des attributions de l'État, ils attaquent avec plus d'acharnement et de passion les individus qui sont chargés d'administrer et de gouverner l'État. A coup sûr, si les attributions de l'État étaient augmentées selon leurs désirs, s'il intervenait dans toutes les actions de la vie économique du pays, ces accusations se multiplieraient: car, le plus souvent, elles proviennent de ce que l'État, à tort ou à raison, a une ingérence quelconque dans des intérêts économiques.

Au point de vue fiscal, la première question c'est de laisser à la disposition de chaque individu la plus grande somme possible. Tous les contribuables ont le même idéal : c'est de payer le moins possible. L'indifférent aux questions générales, l'homme qui déclare ne pas vouloir s'occuper de politique, le prodigue de promesses et de générosités « sociales » dit :

— Peu m'importe la quotité des impôts, pourvu que ce soit le voisin qui les paye.

Nous, nous disons :

Minimum d'impôt, minimum d'attributions de l'État ; gouvernement au minimum, administration au minimum.

Maintenant, une autre question : l'impôt, comme l'avaient établi la déclaration des Droits de l'homme de 1789, la constitution de 1791, ne doit être jamais prélevé que pour des services publics. Jean-Baptiste Say dit : *on ne doit payer l'impôt qu'à l'État.* On ne doit pas le payer à tel ou tel propriétaire pour qu'il s'en fasse des revenus ; on ne doit pas le payer à tel ou tel fabricant pour qu'il fasse des bénéfices ; on ne doit pas le payer à tel ou tel groupe ou à tel ou tel individu pour qu'il se fasse des rentes et pour qu'il vive à ne rien faire, tandis que les autres travailleront pour assurer sa subsistance. Des législateurs sont animés de bonnes ou de mauvaises intentions, d'ambition ou de générosité, d'une belle ardeur pour toutes sortes d'améliorations, peu importe ! Un Américain, M. Graham Sumner, leur a rappelé que tous négligeaient quelqu'un, ce quelqu'un... c'est l'homme oublié ; c'est le contribuable ; c'est celui qui ne dit rien ; c'est celui qui paie toujours ; c'est celui qu'on charge ; c'est le plus intéressant parce qu'il est tout le monde. Dans l'œuvre législative, il faut toujours se souvenir de « l'homme oublié ! »

L'impôt ne doit jamais être perçu que pour des services publics et, par cela même j'arrive à cette règle générale de la politique que je préconise : Si un gouvernement est l'expression d'un parti, il n'en a pas moins pour devoir de gouverner dans l'intérêt général, et d'assurer la justice à tous.

XVI.

Toutes les démonstrations faites ont abouti à montrer le développement de la civilisation de l'échange et à déterminer les divers procédés employés par l'humanité pour se procurer le *maximum d'utilité avec le minimum d'effort*. Mais certaines personnes, retournant cette question de l'économie de l'effort contre les économistes, disent : « L'économie politique a fait faillite. » C'est une mode de parler de faillite : la science et l'industrie ont fait faillite, on l'a dit et on l'a répété, et pourquoi ? Parce que l'humanité travaille plus qu'elle n'a jamais travaillé ; et que, dans les civilisations développées, « ni la science, ni l'industrie n'ont assuré les douceurs de la paresse. » Mais assurer la paresse, ce n'est pas là le moins du monde le rôle ni de la science, ni de l'industrie, ni de la science économique. Ce qu'elles offrent à chacun, ce sont des moyens d'obtenir le maximum d'effet avec le minimum d'effort ; ce qu'elles donnent, c'est le moyen d'augmenter notre puissance, mais non pas au profit de notre paresse.

Voilà précisément où se trouve en contradiction l'idéal socialiste et l'idéal individualiste. L'idéal socialiste, c'est l'idéal de la tortue ; tout bon socialiste demande une carapace à l'abri de laquelle il sera bien tranquille, il recevra la pâture tous les jours. On lui dit de remplacer l'effort économique par l'effort politique et, en échange de son bulletin de vote, il recevra la manne quotidienne, il entrera dans la terre promise et jouira de toutes les délices d'un paradis terrestre.

Au contraire, les économistes déclarent à l'homme que le devoir de l'État ce n'est pas de lui assurer du bonheur ; ce n'est pas de lui donner toutes sortes de satisfactions sans qu'il fasse d'efforts. Législateurs et gouvernants ne doivent avoir qu'une préoccupation : lui assurer la liberté et la sécurité du milieu dans lequel il agit. Fais les efforts que tu voudras, et tu pourras jouir en sécurité de ce que tu gagneras. Ce que nous cherchons, c'est le moyen de ne pas contrarier tes efforts. Cet idéal, c'est un idéal d'énergie, c'est un idéal de travail, et nous comprenons parfaitement que cet idéal soit beaucoup moins séduisant que l'idéal de paresse que leurs flatteurs et leurs courtisans présentent aux foules. Notre idéal, c'est un idéal d'expansion : « Agissez, développez-vous, luttez contre toutes les concurrences qui peuvent se produire, d'où qu'elles viennent ; défendez-vous dans la vie, travaillez, comptez sur vous. »

Au contraire, socialistes, protectionnistes disent : « Nous vous garantissons toutes sortes de protection ; » et, les socialistes logiques promettent de donner à ceux qui les suivent ce que les autres ont gagné par leurs efforts. Ils exploitent la haine, l'envie, la jalousie, toutes les mauvaises passions : ils disent à leurs dupes que toutes leurs détresses viennent de ce que les autres les volent ou s'enrichissent à leurs dépens ; au lieu d'un idéal de foi en soi-même et d'action, ils présentent à chacun un idéal de paresse, de résignation, de soumission, d'espoir dans la tutelle d'un supérieur ; qu'est-ce ? C'est un idéal de dépression et d'envie.

Cette manière de comprendre le minimum d'effort, c'est le maximum de despotisme, c'est le maximum de guerres, c'est le maximum de révolutions, c'est le maximum d'anarchie et c'est le maximum de destruction. Notre idéal, à nous, *c'est le maximum de production et d'effet utile avec le minimum d'effort.*

TABLE DES MATIÈRES

Pages.

FIN DE LA TABLE DES MATIÈRES.

CHARTRES. — IMPRIMERIE DURAND, RUE FULBERT.

Paris. — Imp. E. Capiomont et Cie, rue des Poitevins, 6.

www.ingramcontent.com/pod-product-compliance
Ingram Content Group UK Ltd.
Pitfield, Milton Keynes, MK11 3LW, UK
UKHW012155240726
13966UKWH00002B/354